「見えない部下」を
どう管理するのか？

テレワーク時代の
マネジメントの
教科書

パーソル総合研究所執行役員 髙橋豊

ダイヤモンド社

2020年、新型コロナウイルスの感染拡大とともに、日本では「テレワーク」が急速に一般化しました。「テレワーク」とは、「tele＝離れている」と「work＝働く」という言葉を掛け合わせた造語で、ICT（Information and Communication Technology）を活用しながら職場から離れ、時間や場所の制約を受けずに勤務する働き方をいいます。

もともと、テレワークを導入する企業は1980年代から現れていましたが、注目され始めたのは、2006年に安倍政権が、「2010年度までにテレワーク人口を倍増する」という目標を掲げたころからでしょう。「IT新改革戦略」によって、企業構造の改革を進めると同時に、「ワークライフバランス」の実現を行うという触れ込みでした。

しかし、実際には、先進的な取り組みをしている特別な企業や、出社できない事情を抱えた一部の人を除いて、テレワークが一般化することはありませんでした。テレワークに移行するにはICTやセキュリティを含めた環境の整備が必要なことと、そこまでコストをかけて、長らく親しんできたリアルな職場での対面文化のスタイルを変える必要性を感じることがなかったからでしょう。

○ 準備もなく意図せず始まったテレワーク

ところが新型コロナウイルス感染拡大を機に、多くの人がステイホームを迫られ、突如、テレワークをせざるを得ないという事態に陥ったわけです。当然ながら、準備も心構えもあまりないまま、テレワークに移行したので、現場ではかなりの混乱がありました。

私の勤めるパーソル総合研究所では、この状況を客観的に分析すべく、緊急事態宣言が発令される前の3月から全6回にわたって、新型コロナウ

イルス下のテレワークの状況に関する大規模調査を進めてきました。

　その結果を見ると、今回突然に始まったテレワークの中で、ビジネスパーソンたちが、上司・部下ともに「コミュニケーション不安」や「評価不安」などの不安や孤独感を抱える一方で、慣れるに従い、テレワークの可能性をも感じている姿が見てとれます。

　また、実際に私自身、テレワーク下でのマネジメント方法やコミュニケーションについての研修などを依頼されることも増えてきました。

　これまで長らく、職場にみんなが集まり、顔を突き合わせて仕事をしていたのが、急にバラバラな場所で、慣れないICTツールを使いこなし、仕事を進めなければならなくなったのですから、**本来、コミュニケーションの仕方やマネジメントの方法など、すべてが変わらざるを得ないのは当然**です。しかし、まだその新しい様式が確立されておらず、なんとか手探りでやっているというのが今の状況なのではないでしょうか？

○ 時代の変わり目にはさまざまな問題が噴出する

　私は、今回の状況が、2000年前後のIT業界の状況と酷似していると感じています。当時、私は、日本能率協会コンサルティングで、コンサルタントとして、IT業界のOD（Organization Development ＝コミュニケーションの問題を解消することで、ひとりひとりの能力を最大限発揮させて、かつ組織としてそこにいる人以上の成果を出せるようにすること）を担当し、その後15年近くにわたって、のべ約1000件ほどの案件に関わってきました。

　2000年といえば、95年に発売されたウィンドウズ95が急速に広がり、ビジネスマンが1人1台パソコンを持ち、仕事で日常的にパソコンやインターネットを使うようになってきた頃です。一般企業でも、さまざまな業務をシステム化する動きがあり、IT業界も大きな転換期を迎えていました。

　私がODを担当したIT企業でも、多くの問題が噴出していました。そもそもエンジニアたちはこれまで閉じた世界にいたので、ITが一般化する中で、クライアント企業とのコミュニケーションに悩む例が増えました。また、

若いエンジニアとベテランのエンジニアの世代間ギャップも表面化していました。新人は急速に進化する新しいITの世界を夢見て、イノベーティブなことをやりたくてエンジニアを目指して入社してくるのですが、ベテランは旧来の軍隊的思考で、長時間労働も気にせず、とにかく納期までにシステムを仕上げることしか考えていなかったり……。上司も部下もお互いにコミュニケーションに戸惑い、メンタル不全になる例も増えていました。

時代の変わり目には、必ずそういった世代間ギャップやコミュニケーションの問題が表面化してくるものです。今の状況もまさに、その状況に酷似しているように感じられるのです。

しかし、そういった問題は、時代に合わせたマネジメント方法やコミュニケーションに変えてゆくことで、必ず解決できるのです。

◯ 成長する企業はコロナ後もテレワークに移行する

私は、生産性が高く成長する企業は、コロナ禍が終わっても、テレワークを定着させるのではないかと考えています。**本来、企業にとっても個人にとっても、テレワークはメリットのほうが大きい**のです。

なぜなら、場所に縛られないということは、企業にも個人にも非常に大きな意味があるからです。

これまでは、会社が首都圏にあれば、首都圏の人しか採用できませんでしたが、テレワークになれば、日本全国、いや全世界の人が採用の対象になります。**優秀なのに場所がネックで雇えなかった人を採用することができるようになる**のです。

さらには、実家が地方にあり、家を継いだり、親の介護のために戻らないといけないという人や、子育てのために家を空けられないという、優秀な人材を失うこともなくなります。

個人の側でも、通勤に充てていた時間を、趣味に充てたり、家族と一緒に過ごしたりすることができるようになります。妻に、家事を丸投げしていた夫が、家事を手伝えるようになって夫婦関係が良くなり、落ち着いた気

持ちで仕事に向かえるようになれば、それだけでも生産性が上がります。

　田舎に住んで、登山や、サーフィンなどの趣味を楽しんでリフレッシュしたり、農業をしながら仕事をする、というようなこともできるようになります。

　これからの企業は、個人がやりたいことを実現できる環境を提供しながら、生産性を高めてビジネスに貢献してもらうことが大事です。テレワークはそれを可能にする大きな第一歩になると思うのです。もちろん、そのためには従来のコミュニケーションやマネジメントのスタイルを変えなければならないのは、前述した通りです。

○　現状分析を横糸にコンサル経験を縦糸に

　本書では、パーソル総合研究所の調査結果に基づく客観的な現状分析を横糸に、私がこれまで培ってきた現場でのコンサルティングや管理職へのコーチング経験を縦糸にして、今、テレワークの現場で噴出しているマネジメントに関する課題を解決するための考え方やノウハウを執筆いたしました。

　まず序章では、調査の結果見えてきたテレワークの課題を、私が考えるポイントにしぼって紹介し、第1章では、その解決のカギになる考え方を提案しました。また、第2章以降では「上司の役割」「チームビルディング」「オンラインでのコミュニケーション」「仕事のアサインや進行管理」「タイムマネジメントや労務管理」「新人の育成」「目標管理と評価」のテーマ別に、テレワーク下で起こりがちな具体的な課題の解決策を提示しました。

　そして、終章では、今回コロナ禍により偶然に起こった「テレワーク」への転換が、今後、日本の雇用制度や働き方にどのような影響を与えるのかを、長期的視点に立って分析しています。

　現場で部下を持つマネージャークラスはもちろん、組織全体を率いていく経営層にも読んでいただき、組織を活性化し生産性を高め、社員の人生を豊かにするための参考にしていただければ、これ以上嬉しいことはありません。

テレワーク時代のマネジメントの教科書　目次

序章

いま、テレワークの現場で
何が起きているのか？
のべ9万人を対象にした継続的な調査から

第1章 テレワーク時代のマネジメントを成功させる3つの重要ポイント

第2章 上司の役割

第 **3** 章　チームビルディング

第 **4** 章　ICTを使ったコミュニケーション

第 **5** 章　仕事のアサインと業務管理

第 **6** 章　タイムマネジメントと
労務管理

第 **7** 章　新人育成

第 **8** 章　目標管理と人事評価

終章 テレワークが
ジョブ型雇用を加速させる

巻末資料　ICTツール一覧

※本書の情報は2021年3月現在のものをベースにしております。

○ 本書のベースとなる新型コロナウイルス下の テレワークの調査の詳細について

　新型コロナウイルス感染拡大防止のために、日本全国で順次緊急事態宣言が発令され、テレワークが推奨されたのは2020年4月7日以降のことです。テレワークそのものは働き方改革のなかで以前から注目を集めており、導入を進める企業も増えていましたが、このような形で強いられたのは前代未聞のことです。

　これまで対面が当たり前だった職場で急に「テレワーク」が実践されるようになると、さまざまな不安や不具合が生じるのは想像に難くないでしょう。世間では、テレワークのメリットやデメリットについて、多様な言説が飛び交いましたが、定期的・定量的な調査をもとにした、客観的な分析や洞察は、そんなに多くはありませんでした。

　本書では、株式会社パーソル総合研究所（本社：東京都千代田区、代表取締役社長：渋谷和久）で、新型コロナ下におけるテレワークの実態・課題を定量的に把握することを目的に実施した6回の調査をもとに、テレワークの実態を分析しています。

　具体的には、次の調査結果に基づいています。

新型コロナウイルス対策による テレワークへの影響に関する緊急調査　第1回

調査期間：2020年3月9日 - 3月15日

調査目的：新型コロナウイルス対策がテレワーク（在宅勤務）にもたらした影響を定量的に把握し、日本の雇用・働き方の再考に資する分析を行う。

調査手法：調査会社モニターを用いたインターネット定量調査。

調査対象者：全国、正社員、20〜59歳男女、勤務先従業員人数10人以上 n=21,448

＊調査結果の数値は平成27年国勢調査のデータより正規の職員・従業員　性年代（5歳刻み）の構成比に合わせてウェイトバック処理。

新型コロナウイルス対策による テレワークへの影響に関する緊急調査 第2回

調査期間：2020年4月10日 - 4月12日

調査目的：新型コロナウイルス対策によるテレワーク（在宅勤務）の実態・課題について1ヶ月前の時点での状況と比較しつつ定量的に把握する。

調査手法：調査会社モニターを用いたインターネット定量調査。

調査対象者：全国の就業者、20〜59歳男女、勤務先従業員人数10人以上 n=25,769

※第1回、第2回の比較は、主に正規雇用の従業員の数値を用いて分析。
　調査結果の数値は平成27年国勢調査のデータより正規の職員・従業員　性年代（5歳刻み）の構成比に合わせてウェイトバック処理。

新型コロナウイルス対策による テレワークへの影響に関する緊急調査　第3回

調査期間：2020年5月29日 - 6月2日

調査内容：新型コロナウイルス対策によるテレワーク（在宅勤務）の実態・課題について、緊急事態宣言解除後の時点での状況を定量的に把握する。

調査手法：調査会社モニターを用いたインターネット定量調査。

調査対象者：全国の就業者、20〜59歳男女、勤務先従業員人数10人以上

正規雇用 n=20,000　非正規雇用 n=1,000

※第1回、第2回と比較するため、主に正規雇用の従業員の数値を用いて分析。
　調査結果の数値は平成27年国勢調査のデータより正規の職員・従業員　性年代（5歳刻み）の構成比に合わせてウェイトバック処理。

［新型コロナウイルス対策によるテレワークへの影響に関する緊急調査　第4回（速報版）（総合分析編）］

調査期間：2020年11月18日 -11月23日

調査内容：新型コロナウイルス対策によるテレワークの実態・課題について、新型コロナ「第3波」の感染拡大がみられる時点での状況を定量的に把握する。

調査手法：調査会社モニターを用いたインターネット定量調査。

調査対象者：＜テレワーク実態について＞全国の就業者、20〜59歳男女、勤務先従業員人数10人以上　正規雇用 n=19,946　非正規雇用 n=2,973　＜企業動向について＞自社の人事戦略・人事企画全体を把握している人事・総務・経営層　n=865

※第1回、第2回、第3回と比較するため、主に正規雇用の従業員の数値を用いて分析。
　調査結果の数値は平成27年国勢調査のデータより正規の職員・従業員　性年代（5歳刻み）の構成比に合わせてウェイトバック処理。

［テレワークにおける不安感・孤独感に関する定量調査］

調査期間：2020年3月9日 - 3月15日

調査内容：テレワーカーの不安感や孤独感の実態を把握し、それらの解消法を探る。

調査手法：調査会社モニターを用いたインターネット定量調査。

調査対象者：■共通条件：全国、正社員、20〜59歳男女、勤務先従業員人数10人以上■個別条件：① テレワーカー【メンバー層　n=1,000】テレワーク勤務の条件は以下。【1】モバイルワーク・在宅勤務・サテライト勤務のいずれかの実施者【2】テレワークの勤務時間は問わず、1時間でも実施したら「1日」とカウント【3】テレワーク3形態の合計頻度（カウ

ント方法は【2】）で、2019年12月〜2020年2月の期間内に1ヶ月あたり平均2日以上 テレワークを実施した者②同僚にテレワーカーがいる出社者（非テレワーカー）【メンバー層　n=1,000】③テレワーカーをマネジメントしている上司層【n=700】条件は以下。2019年12月以前から、1ヶ月あたり平均2日以上テレワークを実施した部下をマネジメントしていること。

※①②は性年代構成比が極力同質になるようにコントロールしてサンプル回収を実施。

┌ テレワークによる組織の求心力への
└ 影響に関する定量調査

調査期間：2020年7月21日 - 7月26日

調査内容：テレワーカーの組織コミットメントへの影響要因について探る。

調査手法：調査会社モニターを用いたインターネット定量調査。

調査対象者：■共通条件：全国、正社員、20〜59歳男女、勤務先従業員人数10人以上　■個別条件：①テレワーカー：テレワークを直近1ヶ月で平均週3日以上行っている人　②出社者：直近1ヶ月でテレワークを行っていない人■サンプル数　各n=1,000　合計n=2,000

※調査対象①②は比較分析する目的で、性別、年齢（10歳刻み）、職種（11分類）、を同一構成比になるように回収を実施。

　これら6回のそれぞれの調査結果の詳細な分析・報告につきましては、パーソル総合研究所のHP（https://rc.persol-group.co.jp/）をご覧ください。本書では、これらの調査・報告をベースに、私が、現場でのコンサルティングや管理職へのコーチング経験をもとに、テレワークの大きな潮流とマネジメントにおいて特に注意しておきたいポイントだけを、ピックアップして解説しています。

　それぞれの調査結果には、パーソル総合研究所の研究員による分析がHPにありますので、詳しくはそちらをご参照ください。

なお、本書の中でデータを紹介する時にはこれら6回の調査を「第1回調査」「第2回調査」「第3回調査」「第4回調査」「不安感・孤独感調査」「求心力調査」と略して表記しています。

いま、テレワークの現場で
何が起きているのか？

のべ9万人を対象にした継続的な調査から

2020年、新型コロナウイルスの感染拡大とともに
準備する間もなく突然に始まったテレワーク。
各企業や職場ではどのような課題が
発生し、どう変化していったのでしょうか？
6回の継続的な調査データから紐解きます。

001 テレワーク実施率は、企業規模、業種、職種で大きく違う

大企業（従業員1万人以上）では45％が実施

従業員のテレワーク実施率の推移（正社員ベース）

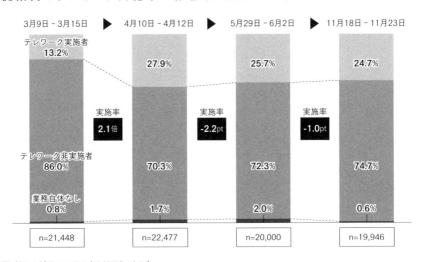

図表0-1（「第4回調査（速報版）」より）

〇 4人に1人がテレワークを実施

　ここ1年で非常に身近になったテレワークですが、どの程度実施されていたのでしょうか？　図表0-1が示しているとおり、実施率は2020年11月末の時点でも20％台に留まっています。4月7日に緊急事態宣言が出されて以降、約2倍に増えましたが、その後は、**やや減少しながらも、25％前後に落ち着いている**という結果です。

　4分の1しかテレワークを実施していないというのは、そう多くないように見えるかもしれません。しかし、企業の規模別、職種や業種別に見ていくと、実施率には大きな差があることがわかります。

18

企業規模別テレワーク実施率（11月18日‐11月23日正社員ベース）

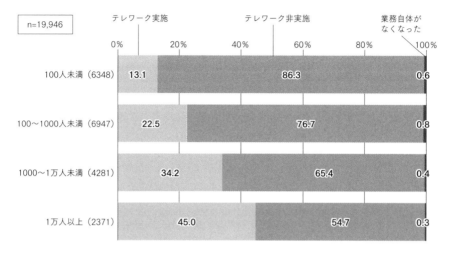

図表0-2（「第4回調査（速報版）」より）

○ 規模の大きな企業ほどテレワーク実施率が高い

　図表0-2は11月の調査での企業規模別（従業員数別）のテレワーク実施率をグラフ化したものです。1万人以上の企業では45.0％と高い割合となっていますが、100人未満では13.1％と低く、実に約3.4倍もの差がついています。この差は5月調査では約2.7倍の差（1万人以上42.5％、100人未満15.5％）だったので、企業規模による格差が広がっているのがわかります。

　大企業でテレワーク実施率が高いことは、ICTなどの環境が整っていることや、職種も多岐にわたっているためと考えられますが、業界のイニシアティブを取るような大企業の半数近くがテレワークに乗り出しているということは、今後の働き方としてテレワークが大きな潮流となるであろうことを示唆していると思います。

業種別テレワーク実施率（実施率順・正社員ベース）

調査実施期間 11月18日 - 11月23日 正社員のみ	調査 サンプル数	従業員のテレワーク 実施率（%）
情報通信業	（1703）	55.7
学術研究, 専門・技術サービス業	（204）	43.2
金融業, 保険業	（1129）	30.2
その他の業種	（1036）	28.5
電気・ガス・熱供給・水道業	（329）	28.4
不動産業, 物品賃貸業	（403）	27.9
製造業	（5612）	27.2
その他のサービス業	（1867）	27.2
卸売業, 小売業	（1829）	20.5
教育, 学習支援業	（601）	19.6
生活関連サービス業, 娯楽業	（342）	18.0
建設業	（1173）	15.7
運輸業, 郵便業	（1255）	11.3
宿泊業, 飲食サービス業	（315）	11.1
医療, 介護, 福祉	（2146）	4.3

【注】サンプル数は性別・年代の補正のためのウェイトバック後の数値

図表0-3（「第4回調査（速報版）」より）

○ 「業種」別では、「情報通信業」が実施率55％以上

　図表0-3からは、テレワークの実施率が業種によって大きく異なっていることがわかります。

テレワーク実施率の高い業種

1位　情報通信業　55.7％

2位　学術研究、専門・技術サービス業　43.2％

3位　金融業、保険業　30.2％

テレワーク実施率の低い業種

1位　医療、介護、福祉　4.3％

2位　宿泊業、飲食サービス業　11.1％

3位　運輸業、郵便業　11.3％

1位の情報通信業では、55％以上のテレワーク実施率になっていますが、最下位の医療・介護・福祉系の実施率はわずか4.3％。つまり、テレワークの実施率は「人と会わなければ成り立たない業種かどうか」「物を運んだり、作ったりしなければならない業種かどうか」によって大きく左右されることがわかります。

　ほぼすべての業務をオンライン上で完結させることができる情報通信業などにおいてテレワーク率が高いのは、当然の結果だと言えるでしょう。

◯ 「職種」別では、 「企画・マーケティング職」が実施率60％以上

　では、今度は職種で比べてみましょう。図表0-4は職種ごとのテレワーク実施率です。業種と同様にこちらの順位からも、打ち合わせ、資料や成果物の制作、そしてその共有に至るまで、すべてをオンライン上で完結させることのできる職種においてテレワークの実施率が高いことがわかります。

テレワーク実施率の高い職種
1位　企画・マーケティング職　64.6％
1位　コンサルタント　64.6％
2位　WEBクリエイティブ職　61.4％

テレワーク実施率の低い職種
1位　理美容師　0.0％
2位　【飲食】接客・サービス系職種　1.4％
3位　ドライバー　2.5％

　コンサルタントや企画・マーケティングなど上位に入っている職種の特徴に「地方出張を含めて打ち合わせのための移動が多いこと」があげられます。それをオンラインに置き換えることができたために、移動時間と経費

職種別テレワーク実施率（実施率順・正社員ベース）

調査実施期間　11月18日-11月23日 正社員のみ	調査 サンプル数	従業員のテレワーク 実施率（％）
企画・マーケティング	（341）	64.6
コンサルタント	（35）	64.6
WEBクリエイティブ職（WEBデザイナー、プランナーなど）	（50）	61.4
IT系技術職	（1473）	55.6
広報・宣伝・編集	（87）	55.5
経営企画	（359）	50.6
商品開発・研究	（913）	45.6
営業推進・営業企画	（480）	43.5
資材・購買	（250）	40.5
営業職（法人向け営業）	（1420）	35.1
クリエイティブ職（デザイン・ディレクターなど）	（165）	31.5
総務・人事	（1428）	31.2
財務・会計・経理・法務	（1184）	28.8
営業事務・営業アシスタント	（676）	25.1
顧客サービス・サポート	（384）	23.8
受付・秘書	（79）	22.7
その他の専門職	（234）	22.4
事務・アシスタント	（2000）	21.2
その他の職種	（932）	19.0
生産技術・生産管理・品質管理	（1233）	17.3
教育関連	（280）	17.1
建築・土木系技術職（施工管理・設計系）	（353）	15.5
営業職（個人向け営業）	（534）	14.7
【飲食以外】　接客・サービス系職種	（291）	7.7
幼稚園教諭・保育士	（132）	7.7
警備・清掃・ビル管理	（261）	7.0
配送・倉庫管理・物流	（342）	6.7
軽作業（梱包・検品・仕分／搬出・搬入など）	（51）	6.4
建築・土木系技術職（職人・現場作業員）	（120）	6.2
販売職（販売店員、レジなど）	（437）	5.5
製造（組立・加工）	（1301）	3.6
医療系専門職	（921）	2.9
福祉系専門職（介護士・ヘルパーなど）	（584）	2.6
ドライバー	（441）	2.5
【飲食】　接客・サービス系職種	（146）	1.4
理美容師（スタイリスト・ネイリスト・エステティシャンなど含む）	（27）	0.0

【注】サンプル数は性別・年代の補正のためのウェイトバック後の数値

図表0-4（「第4回調査（速報版）」より）

がともに大幅に削減できたのではないでしょうか。このようにホワイトカラーの中でもオンラインでのコミュニケーションで企画書など成果物をつくる職種は、テレワーク化が進んだと考えられます。

　実施率が低いのは、実際に現場に身を置き、人やモノに触れなければ成り立たない仕事です。とはいえ、たとえば「販売員」とひとくくりにされる職種のなかでも、接客担当者は現場で、スーパーバイザーはテレワークで、といった違いはあるでしょう。

○ 印鑑文化がテレワーク実施を阻む?

　注目すべきなのは、オフィス勤務のなかで実施率が低いのは財務・会計・経理・法務の担当者で、実施率は28.8%に留まっていることです。一見、デスク業務だけで完結しそうな仕事ですが、これが低い実施率に留まっている大きな理由のひとつとして"印鑑文化"が考えられるでしょう。契約書、発注書、見積書などに印鑑を押す……という作業のために出社を強いられているわけです。しかし、後ほどお話ししますが、こうしたことはすべてオンラインツールによって解決が可能です。

○ 情報セキュリティの整備も急務

　また、すべての職種のテレワークを妨げる要因として、情報セキュリティの問題もあげられるでしょう。「情報漏洩などのトラブルを防ぐためには、テレワークではなく出社して仕事をせねば」と思われがちですが、会社で仕事をすれば100%安心だというのは思い込みでしかありません。

　これからの働き方を見越して、安全な形で誰もがどこからでもアクセスできるように、セキュリティを整えることが急務になってくるでしょう。

　業種によって必要となる対策は異なりますが、セキュリティシステム構築への投資に力を入れなければウィズコロナ時代は生き残れない、ということだけは間違いありません。

002 「テレワークを続けたい人」は約80%!

テレワークしない理由は環境の不備や会社の方針が多数

新型コロナウイルス感染症収束後のテレワーク希望率(正社員ベース)

新型コロナウイルス感染症が収束した後も、テレワークを続けたいですか。続けたくないですか。(単一回答)

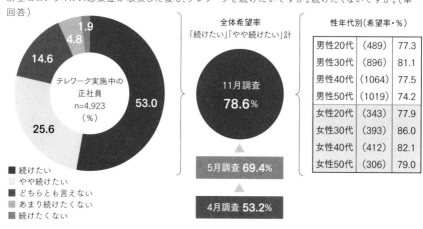

図表0-5(「第4回調査(速報版)」より)

○ テレワークを続けたい人は徐々に増加

　では、実際のテレワーカーたちはテレワークについてどう考えているのでしょうか？　図表0-5によると「新型コロナウイルスの流行が収束した後もテレワークを続けたい」と答えた人の割合は、全体で78.6%でした。

　約8割もの人が、「テレワーク」を続けたいと言っているわけです。緊急事態宣言直後、まだテレワークに不慣れだった4月は53.2%、5月は69.4%だったことを考えると、徐々に増加している様子が見られます。実施率は20%台で横ばいですが、経験した人は確実にメリットを感じていると言ってよいでしょう。

テレワークのメリット性年代別比較（正社員ベース）

調査実施期間 11月18日 - 11月23日 正社員のみ	感染症のリスクを減らせる	通勤や移動にかかる時間が削減できる	通勤や移動のストレスがない	身支度にかかる時間やコスト（被服費等）が削減できる	自分のペースで仕事ができる	リラックスして仕事ができる	無駄な雑談が少なくなった	業務のペーパーレス化・デジタル化が進んだ	家族と過ごす時間がとれる	人間関係の摩擦や煩わしさが少ない	不要な業務（形骸的な業務）が削減できる	仕事と家事・育児・介護との両立がしやすい	スペース確保の手間なく会議や相談ができる	アイデアをじっくり練ることができる	業務の標準化・マニュアル化が進んだ	会議で発言しやすくなった	職場内のコミュニケーションの頻度が上がった
全体	70.4	69.5	68.9	60.9	58.8	57.2	55.4	51.8	51.0	50.4	47.4	45.4	44.2	41.1	29.9	20.7	18.3
男性20代	62.0	62.0	60.0	52.0	46.0	42.0	40.0	58.0	44.0	38.0	44.0	34.0	36.0	34.0	28.0	26.0	20.0
男性30代	69.8	67.2	65.1	59.8	60.4	59.5	55.4	55.1	55.1	50.1	51.0	56.0	50.1	45.2	35.5	27.3	28.7
男性40代	65.4	67.7	66.6	56.0	54.2	52.2	52.4	49.2	50.7	44.3	43.0	40.5	42.0	39.8	27.1	20.0	15.1
男性50代	66.4	65.9	64.8	56.7	54.3	51.4	51.1	46.2	48.1	42.2	42.0	34.0	39.4	36.7	22.3	16.2	14.2
女性20代	77.7	68.0	69.9	68.0	72.8	67.0	64.1	62.1	55.3	71.8	55.3	58.3	56.3	44.7	44.7	30.1	32.0
女性30代	74.9	74.4	76.9	69.8	67.8	67.8	63.3	57.8	57.3	65.8	53.3	64.3	45.2	48.7	35.2	25.6	23.1
女性40代	83.0	79.8	79.8	71.9	66.0	70.0	66.4	57.7	52.6	66.0	58.9	59.3	51.0	44.7	37.5	22.9	17.4
女性50代	83.9	79.3	80.5	73.0	69.0	65.5	60.3	57.5	47.1	62.1	54.6	48.3	46.0	43.1	38.5	14.9	16.7

※全体±5ptのところに着色しています

図表0-6（「第4回調査（速報版）」より）

○ 家事、育児、介護との両立のしやすさもメリットに

　図表0-6はテレワークのメリットを性年代別に調べた結果です。「感染症のリスクを減らせる」ということ以外にも、あらゆる世代の人が「通勤や移動にかかる時間やストレスを削減」「身支度にかかる時間やコストを削減」「自分のペースでリラックスして仕事ができる」など、多くのメリットを

見い出していることがわかります。

　子育て世代の、男性30代、女性20代、30代、40代の「仕事と家事・育児・介護との両立がしやすい」という項目が他の世代に比べて高いパーセンテージを示していることからも、テレワークがこれからの働き方として注目に値することが伝わってくるでしょう。

　とはいえ、小さな子どもの世話をしながら仕事を進めることは容易ではなく、母親にそのようなシワ寄せがいくことを当然とする考え方は問題です。緊急事態宣言下で子どもの預け先が確保できないような状況であれば、テレワークに助けられることはあり得ると思いますが、いずれにせよ保育園やベビーシッターの拡充が必須なのは言うまでもありません。

テレワーク非実施理由（複数回答）（正社員ベース）

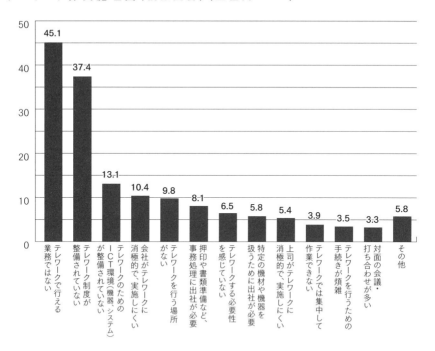

図表0-7（「第4回調査（速報版）」より）

○ 「テレワークできない、しない」その理由は？

　一方で、テレワークをしない企業にはどんな理由があるのでしょうか？
図表0-7は、テレワーク非実施理由についてのアンケート結果です。1位が
「テレワークで行える業務ではない」であることは当然かと思いますが、2
位に「テレワーク制度が整備されていない」という理由が、そしてパーセ
ンテージとしては大幅に下がりますが「テレワークのためのICT環境が整
備されていない」という理由が3位にあがっています。

　制度・環境の整備さえ進めばテレワークを推奨したい、という企業の思
いがあるのだとしたら残念なことであり、改めて制度・環境整備の重要性
について考えさせられる結果です。

　また1位の「テレワークで行える業務ではない」の理由についても、そ
のように思いこんでいるだけの可能性もありますので、本当にできないの
か、抜本的に見直してみる必要もあると思います。

○ ワクチン普及後「原則、全員出社にする予定」
と回答した企業は30％

　では、企業側は、今後テレワークについてどう考えているのでしょうか？
図表0-8は、人事戦略や人事企画全体を把握している人事・総務・経
営層に対して、2021年以降のテレワーク方針を聞いたものです。これを見る
と、**ワクチン普及前も普及後も「まだ決まっていない」企業が4割前後を
しめます。**

　ワクチン普及後も、すべての従業員、一部従業員でテレワークを推進す
る予定と答えた企業は25.5％ですが、一方で、「原則、全員出社にする
予定だ」と回答している企業も31.2％のみです。

　多くの企業が、新型コロナウイルス感染症収束後のテレワーク導入につ
いて、様子見の状態であることが伝わってきます。

企業のテレワーク方針

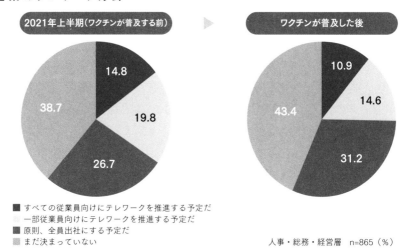

図表0-8（「第4回調査（速報版）」より）

　実際テレワークには数々の難しさがありますが、このあとのアンケート結果からお伝えするように、経営陣の姿勢次第では出社者に比べてテレワーカーの方がパフォーマンスも会社への愛着もアップしているという事実もあります。

　感染不安の解消だけでなく、より高いパフォーマンスと社員の幸福度を目指すときにテレワークがその後押しとなり得ることも、本書を通してお伝えしたいことのひとつです。

003 テレワーク中に部下はどんな悩みを持っているのか

「コミュニケーション不安」と「評価不安」が2大不安

テレワーク業務時の不安の経時的比較（正社員ベース）

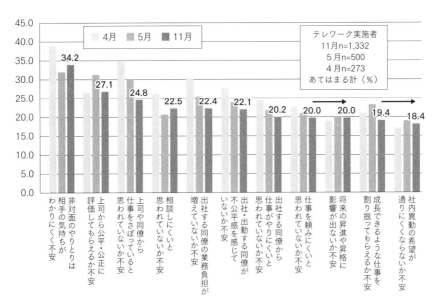

図表0-9（「第4回調査（速報版）」より）

⭕ 不足する「非言語情報」が不安をもたらす

　では、実際にテレワークの現場では、テレワーカーたちはどんなことに困っているのでしょうか？　図表0-9からは、テレワーカーがさまざまな不安感を抱いていることが見えてきます。なかでも25％〜35％近くの人が感じているのが、

- コミュニケーション不安（非対面のやりとりは相手の気持ちがわかりにくく不安）
- 評価不安（上司から公正に評価してもらえるのか？　さぼっていると思われないか？）

という2つの不安です。

これは、毎日リアルで対面してのコミュニケーションから、チャットやメールなどの文字やZoomなどのウェブ会議ツールでのコミュニケーションがメインになったことが原因でしょう。

こういったオンラインでのコミュニケーションは新型コロナウイルスの流行前から存在していましたが、日本全国、いえ世界各国であらゆる仕事が一斉にオンライン上に移ったのは、前代未聞の出来事です。そこで改めてコミュニケーションや評価に関する不安が噴出するのは、自然なことなのかもしれません。

第4章で詳しく説明いたしますが、テレワークでは、自分以外の人の状況がどのようになっているかがわかりにくいことに加え、オンラインのコミュニケーションは2D（2次元）の世界であり、現実世界と比べて著しく情報が制限される点から、コミュニケーションの不安が生じやすいのです。

○ 自分がどう思われているか、という不安

また「上司から公平・公正に評価してもらえるか」「上司や同僚から仕事をさぼっていると思われていないか」という不安も上位を占めています。これは「周囲は自分を見てくれていないのでは？」というテレワーク特有の環境から生じるものですが、日本人独特の真面目さもあるでしょう。

放置しておくと「自分には価値がないのでは？　ここにいても仕方がないのでは？」という疑心暗鬼へ、さらには35ページで説明するような離職意向へとつながりかねません。

○ 不安は軽減傾向にあるが、20代は要注意

こうした不安はありますが、図表0-9からは、テレワーク開始直後に比べて11月の方が全体的に不安感が軽減気味であることがわかります。こ

テレワーク業務時の不安　年代別比較（正社員ベース）

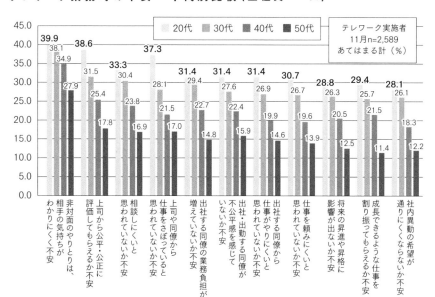

図表0-10（「第4回調査（速報版）」より）

れは2Dでのコミュニケーションに慣れてきていることの表れでしょう。

　ただ、「将来の昇進や昇格に影響が出ないか不安」「社内異動の希望が通りにくくならないか不安」の2点に関しては微増しており、キャリアについては"慣れ"云々では解決できない側面があることが伝わってきます。

　この点については、上司から意識的にフォローしていかなければ、転職意向につながりかねません。

　また図表0-10からは、20代がどの項目においても強い不安を感じていることがわかります。入社からまだ年月がたっておらず、仕事そのものに対する不安感があるなかでのテレワーク化に戸惑いのぬぐえない社員が多いということでしょう。

　この世代には、上司、先輩からのフォローがとりわけ必要だと思われます。

004 テレワーク中に上司は どんな悩みを持っているのか

「管理不安」と「コミュニケーション不安」

上司の不安・疑念感

n=上司層(700)

■グラフ数値
5段階尺度聴取「あてはまる」
「ややあてはまる」の合計割合

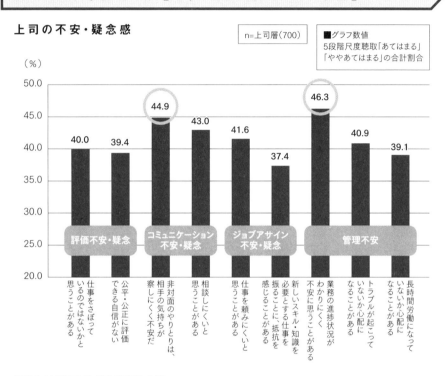

図表0-11(「不安感・孤独感調査」より)

⭕ 部下の業務の進捗状況が最も不安

　では、テレワーカーたちをマネジメントする上司の不安はどこにあるのでしょうか。テレワークが始まった直後である3月9日〜3月15日のアンケート結果である図表0-11からは、とりわけ以下の2つが見えてきます。

　1位　管理不安（業務の進捗がわかりにくい、トラブルが起こっていないか心配、

長時間労働になっていないか心配)

　2位　コミュニケーション不安・疑念（相手の気持ちが察しにくい、相談しにくい）

　一番高い値を示した「業務の進捗状況」について、これまではきちんとした報告を待たずとも、不安に思えばその場で部下をつかまえて聞くことも、ランチなどに誘い出して雑談ついでに聞き出すこともできました。テレワークとなり、「その場でつかまえる」「雑談をする」ということが難しくなったことで、上司側の不安が高まっていることが伝わってきます。

○　上司も部下も「相手の気持ちがわからない」

「相手の気持ちがわからない」という点については、これもオンラインによるコミュニケーションの情報不足が原因だと考えられますが、決して「対面で仕事をしていた頃は理解できていた」というわけでもないと思います。「Management by walk around」という言葉があるように、フロアを歩きまわって部下の様子を見ることで「なんとなくわかったような気持ちになっていた」ということでしょう。そんな思い込みも、目の前で様子を見られなくなれば雲散してしまいます。この**「相手の気持ちがわからない」という悩みに関しては、上司部下双方にとって大きな不安として数値に表れました。**「トラブルが起こっていないか」という不安も高い数字を示しています。会社で仕事をしていると、たとえば誰かが電話口で謝っていたり、急にざわついて人が集まってきたり……ということがあると、「もしかして、なにかトラブルがあったのではないか？」と察することができました。

　しかし、テレワークになるとそうした空気を察することが一切できなくなります。チャットのなかに雑談をする場があっても、自分がそのチャットに加わっていなければ、何が起こっているのか把握することはできません。目の前で動きをキャッチできない以上、部下からの“報・連・相”を待つしかないのです。こうした状況が、疑念を生むことになっているのでしょう。

「相談しにくい」「仕事を頼みにくい」という問題も上位に入っています。会社にいれば部下の様子を見ることができるので、余裕のありそうな人を見つけて「いま時間ある?」「これ、お願いできる?」と気軽に頼めたことも、姿が見えなくなれば切り出すタイミングがつかめず、かといって、わざわざメールや電話で頼むようなことでもないと思えば、迷った挙げ句に「自分でやるしかない」とコミュニケーションを諦めてしまうこともあるでしょう。

職場のそれぞれの立場からの不安や疑念

	テレワーカー(1,000)	上司(700)	出社者(1,000)
評価不安	上司や同僚から仕事をさぼっていると思われていないか不安 **38.4%**	仕事をさぼっているのではないかと思うことがある **40.0%**	仕事をさぼっているのではないかと思うことがある **34.7%**
	上司から公平・公正に評価してもらえるか不安 **34.9%**	公平・公正に評価できる自信がない **39.4%**	公正・公平な人事評価がなされているのか疑問 **31.3%**
コミュニケーション不安	非対面のやりとりは、相手の気持ちが察しにくく不安 **39.5%**	非対面のやりとりは、相手の気持ちが察しにくく不安 **44.9%**	非対面のやりとりは、相手の気持ちが察しにくく不安 **30.0%**

※表中数値:5段階尺度聴取「あてはまる」「ややあてはまる」の合計割合

図表0-12(「不安感・孤独感調査」より)

○ 不安が大きいのは、部下よりもむしろ上司

また、同じ不安を立場別に数値化したのが図表0-12です。これを見ると「仕事をさぼっているのでは」「さぼっていると思われているのでは」という不安はテレワーカー側にも上司側にもあり、お互いに疑心暗鬼に陥っているのがわかります。また、評価不安も、コミュニケーション不安も、いずれもテレワーカー自身よりも、上司のほうに高い数値が出ています。

こうしたことから、テレワークは、マネジメントする側に大きな負荷がかかるものであることがわかります。

005 テレワーカーの不安感・孤独感は転職意向に直結する

評価不安が解消されないと転職意向は1.7倍以上になる

評価不安による転職意向 ※5段階尺度聴取　＊＊＊:1％水準で有意

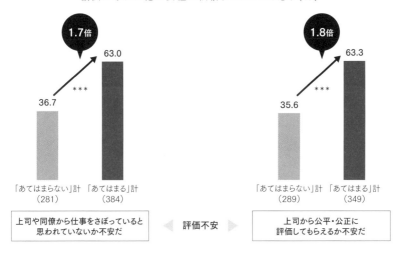

機会があれば他の会社に転職してみたいと思う(％)

図表0-13(「不安感・孤独感調査」より)

○ 部下の「評価不安」には要注意

　図表0-13はテレワーク開始直後のアンケート結果ですが、テレワーカーの評価不安が増大すると、転職意向が高まるという相関関係が見てとれます。また、評価不安や孤独感との継続就業意向、転職意向との関係性を表したのが図表0-14です。

　出社して仲間の顔を見ていれば一体感が生まれ、「みんなで一緒にがんばっていきたい」「この人たちを裏切れない」という気持ちも自然と高まりますが、実際に会えなくなると関係性は希薄になっていきます。そこで生

評価不安や孤独感の発生によるリスク

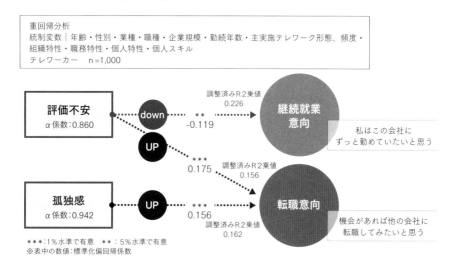

重回帰分析
統制変数｜年齢・性別・業種・職種・企業規模・勤続年数・主実施テレワーク形態、頻度・組織特性・職務特性・個人特性・個人スキル
テレワーカー　n=1,000

評価不安
α係数：0.860

down

**
-0.119

UP

***
0.175

調整済みR2乗値
0.226

継続就業
意向

私はこの会社に
ずっと勤めていたいと思う

調整済みR2乗値
0.156

孤独感
α係数：0.942

UP

***
0.156

転職意向

機会があれば他の会社に
転職してみたいと思う

調整済みR2乗値
0.162

＊＊＊：1％水準で有意　＊＊：5％水準で有意
※表中の数値：標準化偏回帰係数

図表0-14（「不安感・孤独感調査」より）

じる不安感や孤独感を放置しておくと、組織は求心力を失ってしまうというわけです。

○ 「数値に表れない成果」にも注目を

とりわけ、評価不安は継続就業意向を著しくダウンさせるので、上司はテレワーク中の部下をしっかりと観察し、フェアな「評価」という形で応えていく必要があります。けれども、日本人は仕事を通して人を評価することが得意ではありません。管理職でありながら、評価を正しくすることから逃げてきた人たちも少なからずいます。その証拠に、評価者研修はいつまでたっても必要とされています。

ただでさえそのような状況だったところにテレワークが導入されたことで、とくに成果が数値で表せない部門の評価について、混乱が見られるのが現状です。

006 「まだらテレワーク」の職場は、要注意!

テレワーカー比率が2割〜3割の職場で孤独感と不安感が最大化

テレワーカーの不安感

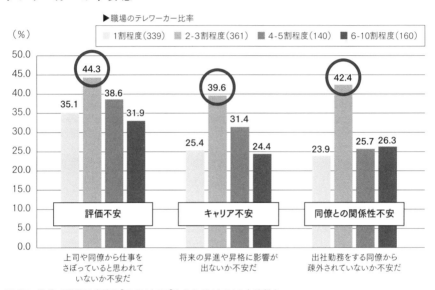

▶職場のテレワーカー比率

- 1割程度(339)
- 2-3割程度(361)
- 4-5割程度(140)
- 6-10割程度(160)

評価不安（上司や同僚から仕事をさぼっていると思われていないか不安だ）: 35.1 / 44.3 / 38.6 / 31.9

キャリア不安（将来の昇進や昇格に影響が出ないか不安だ）: 25.4 / 39.6 / 31.4 / 24.4

同僚との関係性不安（出社勤務をする同僚から疎外されていないか不安だ）: 23.9 / 42.4 / 25.7 / 26.3

※グラフ数値：5段階尺度聴取「あてはまる」「ややあてはまる」の合計割合

図表0-15（「不安感・孤独感調査」より）

○ 出社組と在宅組が混在する「まだらテレワーク」

　緊急事態宣言が解除されても、「テレワーク」にするかどうかはそのチームのマネージャーや本人の意向に任せるとして、会社としての統一方針を示していない企業も多いと思います。

　出社組とテレワーク組が混在している状況を「まだらテレワーク」と呼んでいますが、図表0-8で、「すべての従業員向けにテレワークを推進する予定」と答えた企業は10.9％のみという結果からも、実際には、コロナ

禍以降、「全員テレワーク」よりも「まだらテレワーク」になる会社が増えていくのではないかと思われます。

しかし、「まだらテレワーク」は「全員テレワーク」の場合よりも、孤独感や不安が増大しやすく、マネジメントも難しくなる可能性があります。

図表0-15を見ると、テレワーカーにとっての不安感は「職場の2〜3割がテレワーカー」という状況のときに最も高く出ることがわかります。

こうした状況になると出社組の間でスピーディに物事が決められたり、同じ会議に出席していてもリアルで出席しているメンバーのみが盛り上がったり……と、テレワーカーが置いてきぼりになってしまう事態が頻発することがその一因でしょう。

興味深いのは、テレワーカーが1割である場合には不安感がかえって低いことです。この場合のテレワーカーは、致し方のない理由に迫られて強い意志をもってテレワークをしているため、もはや不安感や孤独感を自ら問題視していない、ということではないかと私は見ています。とはいえ、出社組が配慮を怠ることは禁物です。

◯ 最善策は「完全テレワーク」への移行

間接部門では、押印、印刷、郵便物の受け取りなどのために、一部のスタッフのみが出社を迫られることが多々あります。社内の大半がテレワークになったことで、彼らの業務負担が増えて不公平感が募るケース、またテレワーカーの側にも彼らを気遣う気持ちが負担になるケースが増えています。こうしたコミュニケーション不全につながる気持ちの齟齬に、マネージャーが注意を払っていく必要があります。

図表0-15はテレワーク開始直後のアンケート結果ですので、今後組織として慣れが生じてくれば変化する可能性もあるでしょう。けれども、いずれにせよテレワークで生産性を上げることを狙うのであれば、「まだらテレワーク」よりマネジメントが容易な「完全テレワーク」を目指すことを私はおすすめしています。

007

テレワークの生産性に影響を与える要因は?

組織の特徴や上司のマインドによっても変わる

テレワーク時の生産性 (出社時 = 100)

Q.仕事の生産性について、職場に出勤して仕事をするときの生産性を「100%」とすると、テレワーク時の生産性はいくつになりますか。(回答者:正社員)
(%)

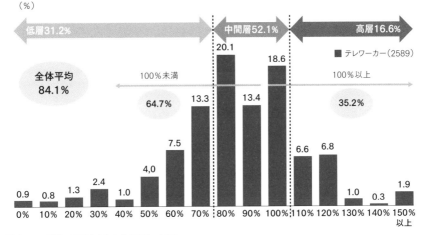

図表0-16(「第4回調査(総合分析編)」より)

○ 主観的な生産性は平均では下がる

　では、実際、テレワークは出社時に比べて生産性が上がるのでしょうか?　テレワーカー本人の主観的な生産性を聞いたのが、図表0-16です。職場に出勤して仕事をするときの生産性を100%とした場合の、テレワーク時の生産性を聞いたところ、全体の平均では84.1%という数字になりました。

　ただし、100%未満という人が64.7%いる一方で、100%以上という人たちも35.2%います。この違いはいったい何によるものなのでしょうか?

　生産性が110%以上になったと答えた「高層」の人と、生産性が70%

以下になったと答えた「低層」の人を比較し、何が生産性の要因になっているのかを分析したものが図表0-17です。

◯ 組織特性や上司マインドで生産性は変わる

これを見ると、「結果重視志向」「働き方のフレキシビリティ」のある組織、「変化受容マインド」「遠隔会議のファシリテーションスキル」のある上司、「問題対処スキル」「スケジュール管理スキル」のあるテレワーカーは、テレワークの生産性が高くなりやすいことがわかります。

また、「書類・紙への依存」「権威主義」傾向のある組織、「育成重視マインド」のある上司、「集団主義マインド」「遠隔コミュニケーションの苦手意識」のあるテレワーカーなどは、テレワークと相性が悪いといえましょう。

テレワークの生産性は、テレワーカー本人のみならず、組織の特性や上司のマインドなどに大きな影響を受けることがわかります。

テレワーク時の生産性への要因

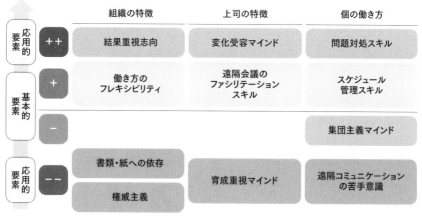

二項ロジスティック回帰の結果抜粋：統制変数：性別、年齢、業種、職種、企業規模
応用的要素：テレワーク生産性110%以上／70%以下にそれぞれ影響している要素｜基本的要素：両方に影響している要素

図表0-17（「第4回調査（総合分析編）」より）

008

経営理念が浸透すれば、
テレワークは成功する!

出社者よりもテレワーカーのほうが組織コミットメントが高い

組織コミットメント

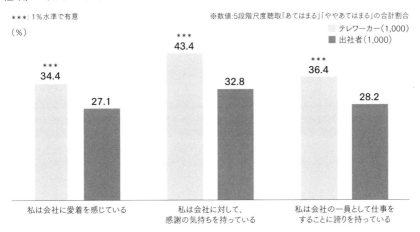

***: 1%水準で有意

（%）

※数値:5段階尺度聴取「あてはまる」「ややあてはまる」の合計割合

テレワーカー(1,000)
出社者(1,000)

図表0-18（「求心力調査」より）

○ テレワーカーのコミットメントが高いのは?

　ここまでに見てきたアンケート結果からは、テレワーカーの不安感・孤独感や離職意向、テレワーク下でのマネジメントの難しさなど、テレワークに関するネガティブな要素ばかりが浮き彫りになってきました。しかし、それだけではありません。**経営層、マネージャー層の努力次第では、今後のテレワーク継続に希望をもてるアンケート結果も出ています。**

　図表0-18はテレワークがある程度定着してきた7月21日〜26日のアンケート結果で、テレワーカーと出社者の組織コミットメントを比較したものです。意外に思われるかもしれませんが、ここでテレワーカーの方に高い値が出ました。その理由を探ったアンケートが次の図表です。

組織コミットメントへの影響要因

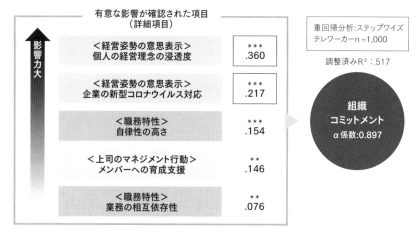

※表中の記載数値:標準化偏回帰係数／ ***:1%水準で有意 **:5%水準で有意

図表0-19(「求心力調査」より)

個人の経営理念の浸透状況

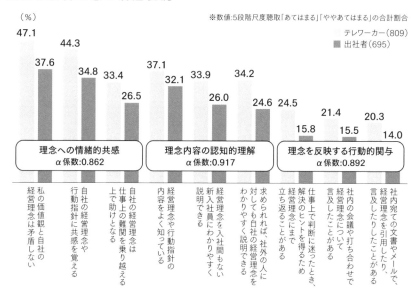

図表0-20(「求心力調査」より)

◯ 経営理念の浸透度が行動にも影響

　図表0-19より、テレワーカーの組織コミットメントに圧倒的な好影響を与えているのは「個人の経営理念（企業理念、基本理念、社是、社訓、ビジョン、経営方針、行動基準など）の浸透度」、つまり「メンバーひとりひとりがいかに経営理念を理解したり、そこに共感したりしているか」であることが伝わってきます。

　また、図表0-20は「個人の経営理念の浸透度」について、テレワーカーと出社者の状況を比較したものです。ここからは、テレワーカーの方が出社者よりも経営理念を理解し、また共感を示して行動に表していることが伝わってきます。

従業員個人から見た他者の理念浸透度

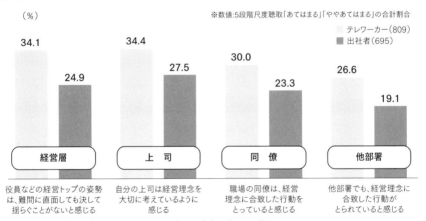

（%）　　　　　　　　　　　　　　　　　※数値:5段階尺度聴取「あてはまる」「ややあてはまる」の合計割合

☐ テレワーカー(809)
■ 出社者(695)

経営層	上司	同僚	他部署
34.1 / 24.9	34.4 / 27.5	30.0 / 23.3	26.6 / 19.1

役員などの経営トップの姿勢は、難問に直面しても決して揺らぐことがないと感じる

自分の上司は経営理念を大切に考えているように感じる

職場の同僚は、経営理念に合致した行動をとっていると感じる

他部署でも、経営理念に合致した行動がとられていると感じる

※項目:高尾・王(2012).経営理念の浸透 有斐閣を参考に修正して使用

図表0-21（「求心力調査」より）

○ カギは、経営層からのメッセージの出し方

　では、他者の経営理念浸透度を客観的に見ると、どのような数値が出るのでしょうか？　図表0-21は他者（経営層、上司、同僚、他部署）の理念浸透度を客観的に見たときの評価として聴取したものです。アンケート結果からは「役員などの経営トップの姿勢は、難問に直面しても決して揺らぐことがないと感じる」という経営層への理念浸透度についての評価が、テレワーカーと出社者では大きくわかれました。

　これは**出社者に比べて、テレワーカーが経営層の言動をダイレクトに感じている**ということを意味します。なぜ、このような結果が出るのか、次のアンケートを見てみましょう。

○ 経営層の言葉がテレワーカーの求心力に

　図表0-22を見ると、やはり「経営者自らが現場の社員に指導・アドバイスすること」がテレワーカーに対して大きな影響を与えていることがわかります。

　また図表0-23からは、経営層から直接メッセージを受信した量が、テレワーカーと出社者で大きく差があることがわかります。これは組織が求心力を失ってしまうことを恐れた経営層が、テレワーカーに直接言葉を届けることによって一体感を保とうとしたことの表れでしょう。図表0-18が示していたように、テレワーカーの組織コミットメントが高いのは、こうした経営層の努力の結果だと思います。逆に言えば、こうした努力がなければ、図表0-12や0-13が示すように不安感や孤独感は離職意向へとつながってしまうのです。

経営理念の浸透要因

図表0-22(「求心力調査」より)

経営層からのメッセージ受信量

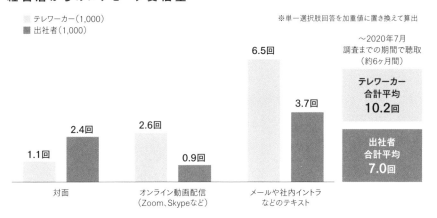

図表0-23(「求心力調査」より)

○ 「カスケードモデル」から「ダイレクトモデル」へ

　経営層から社員へのメッセージの伝え方としては、**従来の「カスケードモデル」よりも、「ダイレクトモデル」の方が有効性が増している**ことが考えられます。

　職場から離れたことで自発的に情報を取りに行き、そこから物事を判断しなければならない状況に置かれているテレワーカーは、いままで以上に経営層の言動に注目しています。

　テレワークを導入した企業では、経営層が言行一致を徹底させ、あらゆることについて丁寧に情報提供を行うことが重要になってくるでしょう。企業と個人が情緒的に結びつくことが、テレワーカーの組織コミットメントや業務パフォーマンスを著しくあげるのです。

テレワークにおける経営理念の浸透モデル

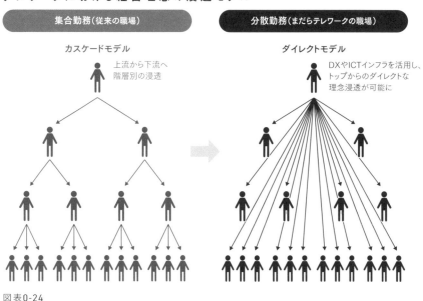

図表0-24

第 **1** 章

テレワーク時代の マネジメントを成功させる 3つの重要ポイント

テレワークでは、新しいマネジメントのスタイルを
作りあげることが必須です。
この章では、私が特に大事だと思う
3つのポイントについて説明したいと思います。

001 すべてのベースになるのは「心理的安全性」の確保

リアルの職場にもまして、最重要になる概念

○ 「見えない」中で仕事をする時に最も大事なこと

　序章でご紹介したデータから、テレワーク下では、さまざまな要因によってメンバーの不安感や孤独感が増大したり、生産性が落ちたり、また、逆にエンゲージメントや求心力が上がったりすることがおわかりいただけたと思います。同じ場にいることで、空気感を共有し、なんとなく組織が回っていたこれまでのマネジメントから、相手が見えない中でもチームを信頼し目標をもって成果を生み出すためには、テレワークに適した新しいマネジメントのスタイルを生み出していく必要があります。

　私は、その際、核となる重要な3つのポイントがあると考えています。

　それが
①心理的安全性の確保
②見える化・共有化
③ICTを使ったコミュニケーションスタイルの確立
　です。それぞれを説明していきましょう。

○ 近年注目されている「心理的安全性」とは

　心理的安全性については、2016年にGoogle社が自社のなかで生産性の高い部署の共通点を調べたところ「心理的安全性の高さ」だったと発表したことから、近年、ビジネスの世界で注目されるようになりましたので、ご存知の方も多いでしょう。

さまざまな定義があるかと思いますが、私は本書の中で「心理的安全性」を以下のように定義しています。

・メンバーひとりひとりが、安心して自分らしさを発揮しながらチームに参加できていること。
・「ミスをしたら罰せられたり、評価を下げられたりするのではないか?」という恐怖感をもっていないこと。
・「周囲に手助けや情報を求めて相談したら、不快に思われたり、恥をかかされたりするのではないか?」という懸念をもっていないこと。
・お互いに信頼、尊敬しあい、安心して弱い部分もさらけ出せること。

　近年急に注目されるようになった「心理的安全性」ですが、もともとは、1969年にエドガー・シャイン氏が提唱した概念です。いま以上に黒人差別が顕著だった当時のアメリカ社会において、黒人と白人がお互いに尊重し合いながらコミュニケーションをとるための方法論として重視されたのが、この心理的安全性だったのです。
　その後、シャイン氏の研究の系譜に連なるエイミー・エドモンドソン氏は著書『チーミング』(邦題『チームが機能するとはどういうことか——「学習力」と「実行力」を高める実践アプローチ』)において、チーム構築のために欠かせないものとして心理的安全性を位置付けました(＊1)。

〇　ただの "仲良しグループ" との違い

　日本では "仲良し、こよし" 的な組織づくりだと勘違いされがちですが、心理的安全性の高いチームと単なる仲良しグループは似て非なるものです。重要なのは、批判的な意見であっても、上下関係や部署間の壁を越えて安心して口に出すことができるということ。たとえば、部下が上司に向かって「お言葉ですが、僕の意見は……」と切り出すのは非常に勇気のいることですが、「生意気だと思われたら、評価が下がるのでは?」などとい

う懸念を感じることなく、安心して意見を伝えられることが「心理的安全性が担保されている」という状態なのです。

優れた組織とは多様な意見を出し合い、人数以上のパフォーマンスを生み出せるものです。**どれだけメンバーの数がそろっていても、みんなで足並みをそろえて役職の高い人の意見に従うだけであったら、生産性を高めていくことは難しい**でしょう。

相手と異なる意見であってもきちんと表明できること、ネガティブな要素であっても率直に打ち明けられること。心理的安全性が構築されているからこその、このような言動が組織を発展させていくのです。

あの本田宗一郎氏も「技術の前には誰しも平等である」と言い、すべての社員に向かって、社長である自分に対して躊躇せず意見を言うように伝えていたそうです。発展を遂げてきた企業がいかに心理的安全性を重要視していたかが伝わってくるエピソードだと思います。

○ 心理的安全性の低い組織は不安感が増大する

もともと、リアルな組織において、近年注目されていた「心理的安全性」ですが、テレワークになると見えないことから不安感が増大するので、「心理的安全性の確保」がさらに重要になるのは自明でしょう。

そもそも太古の時代から人間は獲物を狩ったり、稲作をしたり、家族を守ったりするために群れをつくって暮らしてきました。弱い存在でありながらも生き延びるために、人間には「群れになる」という本能が備わっているのです。そんな人間にとって、仕事という共同作業を仲間と離れた場所で1人きりで行う、というのは非常に不自然な状態です。不自然な状態に置かれると、当然のことながら人は不安を抱えやすくなります。

テレワークというのは、そもそもこの"不自然で不安な状態"というマイナスからスタートしているのです。

図表1-1はテレワーカーの孤独感や不安感に影響する組織の特性を分

析した図ですが、「間違っていることを注意しづらい」「失敗した人が責められる傾向がある」「異なった考えを持つ人間を受け入れないことがある」など、心理的安全性の低い組織特性はテレワーカーの不安感・孤独感との高い相関がみられます。

　心理的安全性が低い組織では、仕事上の疑問点を気軽に質問することも、自分の現状を正直に話すことも、意見を率直に言うこともできません。誰が何をやっているかがすぐにわからず全貌が見えにくいテレワーク下では、**何らかの問題点があっても、誰も声をあげなければ、気づかれないままに業務が進行し、気づいた時には時すでに遅しということが起こりやすくなります**。個人にとっても組織にとっても、テレワーク下で心理的安全性が確保されていないことは大きなリスクとなりえます。

不安感・孤独感に影響する組織特性

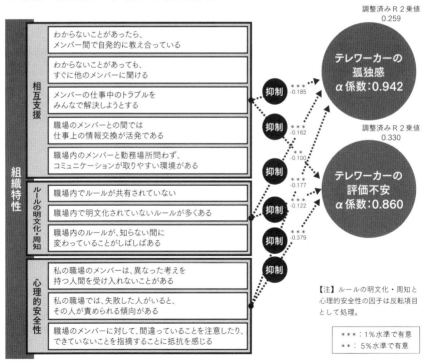

図表1-1（「不安感・孤独感調査」より）

002 見える化・共有化すること

経営理念から業務の手順、日々のスケジュールまで

○ 「見える化」によって効率も心理的安全性も上がる

テレワークになると、メンバーの姿が見えなくなるだけでなく、業務の進み具合も、何に向かって仕事をしているのかも、自分が周囲からどう思われ何を期待されているのかも、すべてが"見えにくく"なります。

そうなると、不安感が増大するだけでなく、チームの連携もしにくく、効率も悪くなり、生産性も低下します。

そのため、いかに、業務にまつわるすべてを"見える化・共有化"できるかが重要になってきます。図表1-1からも、ルールの明文化・共有という組織特性が孤独感・不安感と相関関係にあることがわかります。

そもそもの**経営理念から、個別の業務の目的・期限、評価の基準、社内の人材のスキル、日々のスケジュールに至るまで、すべてを"見える化・共有化"**することを意識しましょう。

○ まずは経営理念や目標の見える化を

まず、最も大事な経営理念の「ビジョン、ミッション、バリュー」が共有できていないと、チームの一体感もなくなり「自分は何のためにこの仕事をしているのだろう?」という空虚さが生じて、仕事の効率が下がったり、離職を考えたりするようになってしまいます。

序章の図表0-20(42ページ)でも指摘したように、こうした**経営理念が伝わっていれば、テレワーカーは出社者よりもむしろ高い組織コミットメントを示す**ことがアンケート結果から出ています。ここは、テレワークの明暗を

わけるポイントとなると言っても過言ではないでしょう。

　また、日常の業務でも、対面で仕事をしているなら、あらかじめ細部まで詰めることなく仕事を"ざっくり"振っても、日々顔を合わせているのだから、途中で修正できるという気安さがありましたが、テレワークになると、そうはいきません。

　最初に齟齬が生じると、修正する機会がないまま間違った成果物が出来上がってくる可能性もあります。頼まれる部下の方も、「本当にこれであっているのだろうか?」という不安を抱えつつ、質問をするタイミングをつかめないまま不安な気持ちで作業を進めることになります。

　上司は**「何のためにこの作業をするのか、いつまでに成果物がほしいのか、どの程度の水準を求めているのか」**といったことを、これまで以上にきっちりと詰め、記録して見える化し、共有することが大切になります。

　さらに、メンバー全員のスケジュールが"見える化"されていれば、進行状況もわかりやすくなり、声をかけやすくなったり、「さぼっているのではないか」とお互いに疑心暗鬼になったりすることも防げます。また、社内にどのような人材がいるのか、誰がどんなスキルをもっていて、どんな時に頼れるのかということも見えるようになっていれば、仕事をアサインする時の効率アップにもつながるでしょう。

　もともと日本人が苦手としていた「評価」については、仕事のプロセスが見えづらくなるため、ますます難しくなります。序章の図表0-9(29ページ)では、テレワーカーの「上司から公平・公正に評価してもらえるか」という不安感が上位にあがっていましたが、「頑張っている」「一生懸命やっている」などのプロセスを見てもらえないことからの不安が大きいからでしょう。しかしこれも、仕事をきちんと定義し、プロセスも評価できるような基準をあらかじめ決めて共有しておくことで、解決できます。

　このようにテレワーク下で、すべてを"見える化・共有化"することは、業務効率や生産性をアップするだけでなく、見えない不安から解放され、心理的安全性もアップすることになります。

ICTツールの特性を活かした コミュニケーションスタイルの確立

リアルのコミュニケーションとは違うノウハウがある

○ 一刻も早くICTのコミュニケーションに慣れる

　離れて仕事をする時に必須なのがICTツールを使ったコミュニケーションです。

　従来のメールだけでなく、ビジネスユースのチャットツール、SNS、ウェブ会議ツールなどのコミュニケーションツールから、チーム間でお互いのスケジュールを共有できるスケジューラー、全社員の情報を閲覧できるタレントマネジメントシステムまで、さまざまなものが用意されています。

　コミュニケーションのほとんどが、ICTツールを介して行われるので、ICTの使いこなしがコミュニケーションの質に直結するようになります。

　重要なのは、対面してのリアルのコミュニケーションと、こういったICTを使ったコミュニケーションでは、そもそも**伝わる情報量も違えば、マナーも違うので、リアルのコミュニケーションとは違ったスタイルで使いこなさないといけない**ことです。そうしなければ、コミュニケーションに齟齬が生まれ心理的安全性が低くなる可能性もあります。

　また、それぞれのツールには、違った特性があり、どういった時にどのツールを使うのが最適なのか、またそれぞれのツールにおけるマナーなども、チーム間で共有しておく必要があります。

　ICTツールを完備し、すべてのメンバーが使いこなせるようになることは、心理的安全性の確保にも直結します。現状はまだ、人によって、スキルやリテラシーに差があるかもしれませんが、一刻も早く、すべてのメンバーが使いこなせるようにすることは、マネージャーや人事部の課題でしょう。

○ 心理的安全性に直結する良質なコミュニケーション

お気づきになった方も多いかと思いますが、これまでお話ししてきた3つのポイントはひとつひとつが独立しているわけではなく、それぞれがつながり、お互いに影響し合っています。

社会構成主義を提唱したアメリカの心理学者、ケネス・ガーゲン氏の考え方に「私たちが現実だと考えていることはすべて、そのことに関係している人々が自らの価値観と合致していることを確認して、"合意"することで初めて"現実"となる」というものがあります（＊2）。

この言葉は心理的安全性について直接的に語ったものではありませんが、人が集まって何かを決めて、物事を進めていくときに、コミュニケーションがいかに大切かということを端的に示しています。

「いかに心理的安全性を構築していくか」ということは、「いかに良質なコミュニケーションをとっていくか」ということに直結します。

というのも、全員が出社していた頃は、会議だけでなく、立ち話や食事の席での雑談を通して、さまざまな事柄が自然と"合意"に至り、共通認識や暗黙の了解という"現実"になっていきました。けれどもテレワークが導入されて働く場所がバラバラになったいま、自然に任せていればそうした"現実"を積み上げていけるのかといえば、できないのです。テレワーク下で意識的に良質なコミュニケーションをとるように努力することがいかに重要か、ケネス・ガーゲン氏のこの言葉は、私たちに大きな気づきを与えてくれているといってよいでしょう。

テレワーク下で心理的安全性を上げるためには、「すべてを見える化」して、見えない不安を取り除き、「ICTツールを使いこなして良質なコミュニケーションをとること」が重要だと前項でお話ししました。

　図表1-2のようにその2つが土壌となり、心理的安全性という葉が青々と茂っていき、生産性upという果実を得ることができるというイメージです。

3つの関係性は?

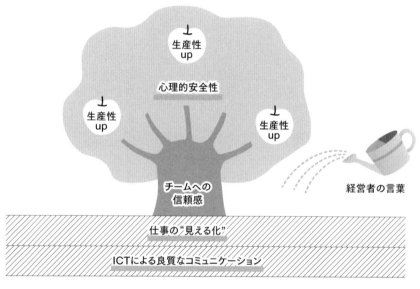

図表1-2

◯　生産性の高いチームの特徴とは

　Google社は「生産性の高いチームの特性」として「心理的安全性が確保されていること」以外にも「チームへの信頼性が高いこと」など、次のような条件を挙げています。前の図でいえば、太い幹となるのが「チームへの信頼感」です。この幹がなければ、心理的安全性という葉は茂っていきません。

この幹を育てるには、序章でもお伝えしたように、経営者が経営理念をきちんと言葉で伝えることが欠かせません。そうすることにより、「チームの構造が明瞭」になり、「チームの仕事に意味を見出し」「チームの仕事が社会に対して影響をもたらしていると考えている」状態にもなってきます。経営者の言葉は、幹を育てる水分だと考えるとわかりやすいでしょう。

生産性が高いチームの特徴

①チームの『心理的安全性（Psychological Safty）』が高いこと
　（チームメンバーがリスクを取ることを安全だと感じ、お互いに対して弱い部分もさらけ出すことができる）

②チームに対する『信頼性（Dependability）』が高いこと
　（チームは決めた時間内に高い成果を上げられると信じていること）

③チームの『構造（Structure）』が『明瞭（Clarity）』であること
　（役割分担がきちんと決まっていること、向かうべき目標やそれを達成するための計画が明確であること）

④チームの仕事に『意味（Meaning）』を見出していること

⑤チームの仕事が社会に対して『影響（Impact）』をもたらすと考えていること

「世界最高のチーム　グーグル流『最少の人数』で『最大の成果』を生み出す方法」（＊3）をもとに改変

　この状態になったとき、「生産性の向上」という素晴らしい果実を得ることができるのですが、これを持続させるために必須となるのは、「ICTツールによる良質なコミュニケーション」と「仕事の"見える化"」という土壌が豊かであることです。土壌が痩せてしまえば、せっかく育った木も枯れてしまいます。

　まず、ICTツールで円滑にコミュニケーションをとることができれば、ケネス・ガーゲン氏が言うところの「みんなで"合意"することによって、それが"現実"であるという共通認識に至る」という、実際に対面しているときに近い状態をつくることができます。これは心理的安全性を担保するため

に欠かせないことです。

　お互いの仕事を"見える化"しておくことも、忘れてはいけません。成果物も、お互いにプロセスを可視化しておけば「間に合うのだろうか?」、「間違ったことをしているのではないだろうか?」とよけいな不安にふりまわされることはありません。

　あらゆる場面において相手と認識を共有し、無用な不安を抱かせないことが、"豊かな土壌"の大きな条件なのです。

◯　3つのポイントを職場で生かす

　では本章で紹介した「3つのポイント」をテレワーク下の職場において、どのように実践していけばよいのでしょうか。次章からは、問題となりがちなケースを題材に、マネージャーはどう行動していけばいいのかを具体的に解説していきたいと思います。

第 **2** 章

上司の役割

テレワークでのマネジメントにおいて
最初に変わらなければならないのは
マネージャーの意識と役割です。
これまでの、支配型の上司から、
一人一人をケアできる観察力の高い上司への
転換が求められています。

テレワーク下の上司に必要になる力とは?

部下の不安を減らしパフォーマンスをあげる

CASE

テレワークが始まって2ヶ月で20代の部下が2人辞めてしまいました。1人は「頑張っていることに気付いてもらえない」という理由からメンタル不調に陥り、もう1人は「この会社にいても、成長につながる仕事を任せてもらえないような気がする」と転職しました。私自身は、これまで通りの業績を上げることに全力を尽くしており、何が問題だったのかわかりません。

（営業職・部長・43歳）

○ テレワークは自分の位置を相対化できない

　テレワーク時の不安感を4月、5月、11月で比較した図表0-9（29ページ）を見ると、「相手の気持ちがわかりにくい」「出社・出勤する同僚が不公平感を感じていないか」といった不安感は4月から5月にかけて減少傾向にあるものの、**「上司から公平・公正に評価してもらえるか」「成長できるような仕事を割り振ってもらえるか」といった上司に対する不安感やキャリアに対する不安感は横ばいのまま**です。これは「会えないなかでも、本当にきちんと自分の仕事を見てくれているのか？」という、上司の観察力に対する不安の表れだと言えるでしょう。

　なぜ、テレワークになった途端にこうした不安感が顕著になるのか、考えてみましょう。

　出社して仕事をしていると、上司が自分以外の誰かを褒めたり、厳しいフィードバックをしたりしている場面を目にすることがあります。仲間同士の

雑談から、誰かが叱られたとか、誰かの評価が上がっているとか、そうした噂話を耳にすることもあるでしょう。そうした様子を見聞きしながら「自分は同じ案件でも叱られなかったから、良い方なのではないか」「あの人は上司に声をかけてもらっていたけれど、自分は何も言われていないから期待されていないのではないか」などと**相対的に自分を位置づけ、そこから自分の行動を省みたり、次の戦略を練ったりすることができていました。**

⭕ 頼りになるのは上司の言葉だけ

　テレワークになると、そうした場面が一切見えなくなるため、**集団のなかで自分を相対化することができなくなります。**そうすると頼りになるのは上司の直接的な言葉だけになるわけですが、ここで声をかけてもらえないと「自分は見てもらえていない」という気持ちは非常に強くなってきます。

　そもそもテレワークで不安感、孤独感を感じている人は、評価についてナーバスになっているもの。そこへきて、自分の価値を推し量る基準がなくなってしまうと、一気に不安感に押しつぶされてしまうのです。

⭕ 若い世代ほど見てもらいたがっている

　また、図表0-10（31ページ）では「上司から公平・公正に評価してもらえるか」という不安は、若い世代ほど高く出ていました。

　その理由として、ひとつには若い世代ほど学校や家庭で手取り足取り、付きっきりで指示されながら褒められて育ってきた傾向がある、ということが言えるでしょう。昭和世代は「いいからやっておけ！」「まわりを見て自分で学べ！」と放っておかれることも多々あり、見てもらえないことに慣れていましたが、いまの若い世代は違います。

　とくに新入社員の場合は、そうした学生気分をひきずっている上、周囲との関係性がつくれないままテレワークに突入したことで「見てもらえていない」という感覚を強くもち、それが評価不安、離職意向へと向かってい

く恐れは大きくなります。

「見てもらっている感」を持ってもらうためには、後述するように、定期的な1on1（1対1の面談）をZoomなどで実施して、部下の話を聞くのはもちろんですが、日常業務の中で、以下のようなタイミングでちょっとした声かけをするだけでも効果があります。

・資料や企画書を受け取ったらすぐに、受け取った連絡やざっと目を通した感想を伝える。

・朝礼や夕礼の際、直近の数日で目立った動きのあった部下にはその感想やねぎらいなどを伝える。

・オンライン会議はいきなり本題に入らず、アイスブレイク的な意味合いも兼ねて、「この前のあの件、よくやってくれたな」などと別件についての感想も一言伝える。

○ 観察力のない上司の部下は、パフォーマンスも落ちる

図表2-1からは、観察力の高い上司のもとではテレワーカーも出社者も「パフォーマンス、評価の納得度、継続就業意向」の3点がアップしていることがわかります。逆にいえば、上司の観察力の欠如は部下を不安にさせるだけでなく、パフォーマンスにも悪影響を及ぼしてしまうということです。**パフォーマンスが落ちる一番の原因は、部下は観察力のない上司に相談をもちかけにくい、**ということがあると思います。「自分の仕事を上司がちゃんと把握していないのでは？」という疑念があると、ひとつ相談するにしても一体どこから説明すればいいのかわかりません。面倒になって「自己流で適当に片付けてしまおう」と思う部下もいるでしょう。そこからミス

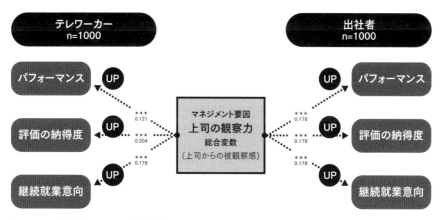

「上司の観察力」のテレワーカーと出社者への影響

図表2-1（「不安感・孤独感調査」より）

が生じて大きな問題に発展することもあれば、組織としての求心力が低下
して部下の離職意向を引き起こすこともあります。

　そうした危険性を考えると、テレワーク下ではこれまで以上に部下の様
子を観察し、仕事の内容についても細かくプロセスを共有していく必要が
あると言えるでしょう。たとえば営業職であれば「このお客さんのところに
何回行って、何回断られたから、次はこんな作戦で……」といったところ
まで共有していく方が、最終的にはお互いのためになると思われます。

○ 上司のマインドセット次第で
　　組織パフォーマンスも変わる

　また**上司のマインドセットは、個人のパフォーマンスばかりでなく組織パ
フォーマンスにも影響を及ぼします**。図表2-2は、組織パフォーマンス（売
上・目標達成・その他業績）を高・中・低の3層に分類し、低層と高層の
上司のマインドセットを比較したものです。

　組織パフォーマンス高層の上司のマインドセットと低層のマインドセットを

組織パフォーマンスの高低による上司のマインドセットの違い

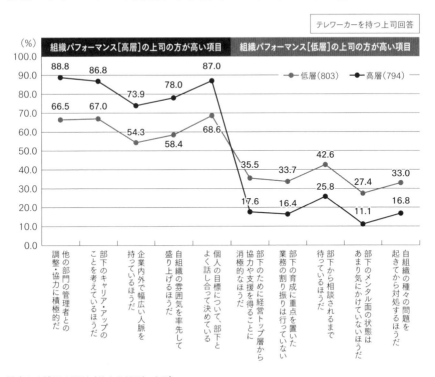

図表2-2(「第4回調査(総合分析編)」より)

比べてみると、高層の上司はおしなべて"いろんな場面で観察力を持って自分から動く"人というイメージが湧いてくるかと思います。一方、低層の上司は、"座ってただ待っている"タイプの上司というイメージです。

　数字からも、**テレワーク下では、こういった「受け」「待ち」のマインドセットの上司のいる職場では、パフォーマンスが上がりにくい**ということがわかります。

部下から、情報が
何もあがってこない時は？

いまや、報・連・相（報告・連絡・相談）は上司側から行うもの

CASE

以前は、机に座っていれば、部下が列をなして報告・連絡・相談にやってきたのに、テレワークになってからは、パソコンの前に座っていても、誰からもコンタクトがありません。業務がちゃんと進んでいるのか、何かトラブルが起こっていないか、心配でたまりません。

（企画・課長・35歳）

○ 観察力の高い上司はコミュニケーション頻度が高い

前項で、「上司の高い観察力」が、部下のパフォーマンスや評価の納得度、就業継続意向などを上げることをお話ししました。では観察力の高い上司と低い上司は何が違うのでしょうか？

「上司の観察力」を高・中・低群に分け、高群と低群で比較した図表2-3 からは、1日あたりのコミュニケーションの頻度がかなり違うことがわかります。観察力の高い上司は、ことあるごとに部下とコミュニケーションをとっているのです。

せっかく部下を観察していても、

「上司の観察力」と1日あたりの
コミュニケーション頻度（回）

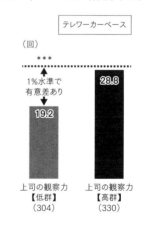

テレワーカーベース

（回）

***

1％水準で
有意差あり

19.2

28.8

上司の観察力
【低群】
（304）

上司の観察力
【高群】
（330）

図表2-3 （「不安感・孤独感調査」より）

それが部下に伝わらなければ意味がありません。「君のことをちゃんと見ているよ、理解しているよ」ということを部下に伝えるには、**一度相談されたことや、話題になったことを覚えておいて、しかるべきタイミングで上司側からコミュニケーションをとる**ことが大事です。

○ 相手が欲しているタイミングで言葉をかける

たとえば、私が、部下から「○○社の研修で講師を担当させてもらったのだけれど、どうやら満足してもらえなかったようだ」と相談を受け、その部下に「次回は、事前の打ち合わせをもっと念入りにして、クライアントの目的やニーズをしっかりつかまなくちゃね」というアドバイスをしたとします。

その場合、彼が次に研修を担当するという情報が入ってきた時点でこちらから連絡して「このあいだは色々と反省していたけれど、今回はどう？ クライアントに目的やニーズは聴けた？　困ったことや相談事項があれば言ってね」とこちらから相談しやすい雰囲気をつくります。

また何かのリサーチを担当している部下がいたら、「○○さんが詳しそうだったからよければ紹介するよ」とアドバイスしたり、「今、テレビでその話をやってるよ」とチャットで送ったり……。そうすることによって、部下は「自分の悩みや仕事をちゃんと覚えていてくれたんだ」という気持になり、次へのモチベーションにも、上司との心理的安全性の確保にもつながっていきます。

ポイントは、相手がどのタイミングで上司の言葉を必要としているのか、そのタイミングを見極めることです。

そのためにも、上司はたとえテレワークであっても、打ち合わせや雑談の機会を大事にして、つねに部下の状況を把握しておく必要があります。部下の仕事の進行管理の仕方は、第5章で詳しくお話します。

観察力のある上司になるには？

上司自身の"メタ認知力"アップがカギ

CASE

もともと直感型なので、部下のやる気や顔色を見て仕事を振ったり、相性を見てチームを組ませたりしていましたが、テレワークになってからは場の「空気感」がわからなくなったので、どうすれば観察力のある上司になれるのかがわかりません。

（商品企画・課長・30歳）

○ 近年ビジネス界で注目されている"メタ認知力"

部下をきちんと観察できるようになるには、上司自身がメタ認知力をつけていくことがカギになります。

メタ認知力とは「自分自身を俯瞰して、客観的に観察する力」のこと。1976年にジョン・H・フラベルというアメリカの心理学者が提唱した心理学用語ですが、近年、仕事のできる人の特徴としてビジネスにおいて重要視され始めた資質です。

メタ認知力は**「省察・内省・反省」「振り返り」を日々きちんとする習慣**があるかどうかによって、大きく左右されます。

たとえば、慌ただしい状況のなかで部下に指示を出すことはよくあることですが、メタ認知力のある上司は、後で冷静になって「あの言い回しで本当に伝わっていたのだろうか？」「もっとうまいやり方があったのではないか？」と自分自身の行動を省みることができます。そして、それが周囲を観察することにもつながっていきます。メタ認知力をもっている上司の部下が「自分は放置されておらず、きちんと見てもらっている」という感覚を

もつのはそのためです。

　これまでのように出社していれば、自分が出した指示が部下にきちんと伝わっているのかどうか、目の前で見ることができました。指示を受けた部下の手が止まっていて、考え込んでいる様子だったら「あれ、わかっていないのかな?」と気付いて声をかけることもできましたが、テレワークだとそうもいきません。雑な指示を出しっぱなしで、部下は困ったまま長い時間を使ってしまっているかもしれません。

　ここで上司にメタ認知力があれば「本当にあの指示で伝わっただろうか?」と振り返り、言葉足らずだと思えば、フォローの電話を入れることができます。そしてその1本の電話から、部下は「ちゃんと気にかけてもらっているんだ」という感覚を抱くことができるでしょう。上司がメタ認知力をもっていることは、結果的に部下の幸福感に直結するのです。

⭕ メタ認知力を鍛えるためによい場所

　メタ認知力を上げる訓練としては、**あらかじめ決めておいた時間と場所で自分を振り返る習慣をつける**ことが一番です。

　たとえば、中国の宋時代の学者・欧陽脩は、『帰田録』という本の中で考え事に適した場所として次の"三上"を挙げています。現代にも応用できる話です。

・馬上

　馬の上です。適度な揺れは脳を活性化させるので、乗り物に乗っている時間は考え事に向いています。これまで通勤電車に揺られる時間をこうした時間にあててきた人もたくさんいることでしょう。

・枕上(ちんじょう)

　枕の上です。寝る前は心身がリラックスしている状態なので、昼間は気付かなかったことに気付くことがあります。

・厠上（しじょう）

　厠（かわや、トイレのこと）の上です。ひとつの物事を深く考えるには狭い場所の方が向いているので、トイレはベストな場所でしょう。逆に、たくさんのことを大きなスケールで考えるには、広い場所の方が向いています。

　ほかにも、個人的には以下のようなことをすると、メタ認知力をあげるトレーニングになると思います。

＜メタ認知力をあげるトレーニング＞

・1日の終わりに、お風呂のなかで振り返る
裸になって開放感を感じながらリラックスしてお湯にあたると、皮膚からの刺激が脳を活性化させると言われています。この時間を1日の振り返りに使うのは非常に効果的です。

・その日に指示したことを日記に書く
日記を書くことは自分を省みることに直結します。"3行日記"でも、エクセルで表をつくってメモを書き入れていくだけでも構わないので、今日指示したことを書き留めておくことは非常に効果的です。文字にすることで頭のなかが整理されて、自分がしたことの意味や改善点が浮かび上がってきます。

・Zoomなどの自分が話しているところの録画を見る
自分が部下と話しているとき、どんな表情をして、どのようなしゃべり方をしているのか？　リアルタイムでは相手を見ていることが多いのでなかなか気が付けません。部下との打ち合わせや会議の時の様子などの録画があれば、後でゆっくり自分が他者からどのように見えるのか、を客観的に見てみましょう。

マネジメントできる部下の数は少なくなる?

ひとりの上司が管理する部下の数を減らす

CASE

以前から、指示が部下に伝わっていないことが多くて悩んでいました。テレワークが始まってからは、私の指示がよくわからず困っているうちに長い時間が経過してしまっていたり、成果物の方向性がズレていてやり直しになったり……といった問題が立て続けにありました。いま部下が15人いるのですが、正直、手に負えなくなりつつあります。

（広報・課長・38歳）

○ 本来ひとりの上司が管理できる部下は4人まで

そもそも出社して仕事をしていた頃のように、自分のデスクにいればたくさんの部下の様子が一度に見えるという状況ではなくなったいま、**ひとりひとりを個別にフォローしようと思えばこれまでの何倍もの時間がかかります**。プレイングマネージャーの場合は、その負担が自分の業務を圧迫するケースも出てくることでしょう。こうした状況を考えると「ひとりの上司が管理する部下の数を減らす」というのは、テレワークを成功させるための必須事項だと思います。

では、実際1人の上司が直接マネジメントできる部下の数は何人かといえば、「4人」までです。**自分を入れて5人までというのが、最少チームの人数として現実的なところでしょう。**

実際のところ、これまでも5人がベストだったと思うのですが、10人、20人という部下を抱えているケースが多々ありました。対面だからうまくいって

いたということではなく、単に上司の側が「うまく管理できている」と思い込んでいた部分が大きいのではないでしょうか。顔を合わせていれば、それでも"阿吽の呼吸"で事なきを得ていたことが、テレワークになるとそうもいきません。

　コミュニケーションの分野でも、1人がきちんと関わりをもてる人数は4人までだと言われています（＊4）。上司にとってだけでなく、すべてのメンバーにとって、きちんと意識できる人数が4人までなのです。実際、職場でも1対1では上下関係が窮屈になり、1対2ではまだ上司の力が強すぎ、1対3あたりから初めてチームとしてのバランスがとれるようになります。

○ 歴史的にも「5人」は最小単位

　なぜ5人がベストなのかということについては、少し歴史を振り返ってみましょう。豊臣秀吉は治安維持のために下級武士や農民に「五人組」を組ませました。これは江戸時代にも引き継がれ、戦に応用されています。「5人」というのは、お互いに監視をさせたり、連帯責任を負わせたりするのに丁度よい人数なのです。

　軍隊では、最下級の下士官のことを「伍長」といいますが、これも古代中国の『孫子 謀攻篇』などで軍隊の最少単位の人数が5人と書かれていることに由来すると言われています。仮に2人が死傷しても、1人がリーダーとなり、残りの2人が死傷者を担ぐことで陣営まで戻って来ることができるのが5人なのです。もっとも苦しい状況で、リーダーが気を配ることのできる最大の人数が4人まで、という説もあります。

　いずれにせよ、いまだに10人、20人という部下を抱えている方は、テレワーク化をきっかけに、ぜひ組織の編成を見直してみてください。

「社内調整」だけが仕事の管理職は淘汰される?

テレワークで、組織は"ホラクラシー型"へ移行する

CASE

テレワークになって部下はみな忙しそうにしていますが、正直、私は暇を持て余すようになりました。自分の武器は社内調整の上手さだったのですが、その力を発揮できていません。そればかりか、直属の部下が私を飛び越して役員に異動の希望を伝えていることが発覚してショックを受けました。やりづらさを強く感じています。

（営業・局長・55歳）

○ よりフラットで、より"自律・自走"する組織へ

この数年、**上下関係のないフラットな「ホラクラシー型組織」**が注目を集めています。トップダウンのヒエラルキー型組織とは異なり、**"上司"というものが存在せず、ひとりひとりの裁量権やパフォーマンスを軸にしながら、横の連携で成り立っている自律・自走式の組織**のことです。

ザッポス、パタゴニア、エバーノート社などが取り入れていることでも話題になりました。管理したりされたりという関係性が消滅して自由に動けるようになる分、個々の主体性や責任は大きく問われることになります。若い世代にはこうした働き方に憧れる人もたくさんいますが、日本人には向かないという説もあるのが現状です。

ただ、ひとりひとりが異なる場所で働き、個人同士がそれぞれつながるテレワーク下では、ホラクラシー型への流れが加速し、こうした考え方をうまく取り入れた企業こそが生産性を上げていくのは間違いありません。

ヒエラルキー型組織とホラクラシー型組織の比較

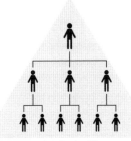

ヒエラルキー型

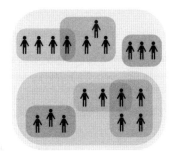

ホラクラシー型

	ヒエラルキー型	ホラクラシー型
組織形態	階層型	非階層チーム型
	高い確実性と命令	高い柔軟性と自由裁量
	権限に基づくリーダーシップ	役割に応じたリーダーシップ
意思決定	固定的中央集権トップダウン型	流動的分散共有現場中心型
関係	上下関係	対等な関係
情報共有	権限に紐づき限定的	全員にオープン

図表2-4

○ 階層を飛ばした上司に直接つながれる

　ホラクラシー型組織では**関係性がフラットになるため、階層や勤続年数、年齢などの離れた人たちが直接やりとりをする**ようになります。

　これは、テレワークという環境が後押しすることも考えられます。場をつくろうという意志さえあれば、むしろ以前よりも気軽に誰とでもオンラインでつながることができますから。たとえば、趣味ごとにオンラインサークルをつくって、職位の異なるメンバーで交流を深めている会社もすでにあることでしょう。

　とくに若い世代はアポイントメントをとって実際にドアをノックして訪ねていくよりも、オンラインでつながる方が心理的なハードルは低いものです。こうした環境も、序列が重視されない関係性をつくっていく流れを後押しするのではないでしょうか。

　古い価値観をもった上司は、部下が自分を飛び越えて、その上の上司

に話をすることを嫌がる傾向がありますが、それは「教えてもらえない自分が悪い」と割り切るしかありません。何でも話してもらえる心理的安全性を築いてこられなかったことの表れですから。そうした**人間関係の本質的な部分があぶり出されてくる**のも、テレワークの特徴だと言えるでしょう。

○ 社内政治や根回しはいらなくなる？

　組織がホラクラシー型へと移行していくなかで、真っ先に不要になるのは「仕事はせずに社内政治や根回しだけに精を出してきた人たち」です。そうした社内調整役はどこの会社にもある程度存在していて、役員から重宝されるようなことも多々あったかと思いますが、テレワーク化に伴ってこうした人たちが暇を持て余すようになった、という話を耳にすることが増えています。

　前述したように、テレワーク化によって職位の離れている上司と部下が直接つながり、これまで以上に関係性を深める機会が出てきました。役員クラスも、よけいな雑音をはさまず、直接部下と話す方が正確な情報を得ることができることに気付き始めています。

　実際、こうした社内調整役がこれまで活躍の場としていた喫煙所や居酒屋は、テレワークになると行く機会が減るでしょう。では、じっとしているだけでこの人たちのもとに情報が集まるのかというと、それも厳しいでしょう。ただでさえ雑談の機会が失われつつあるいま、わざわざ時間と労力を割いて、まわす必要のない情報を、まわす必要のない相手に伝えるような人がいるとは思えません。

　テレワークになって、人によって忙しさに差が出るようになったという話もよく聞きますが、**「急に暇になった」と感じている管理職は、これまで自分がしてきたことは社内政治の調整だけだったのではないか、と省みてください**。そうである場合は、ここで思い切って自分自身の役割を変えていく必要があるでしょう。シビアな話ですが、そうしなければ生き残る道はありません。

006 課長・部長の役割はどう変わる？

部長が課長の延長線上では仕事はまわらない

CASE

以前から、私の上司である部長が課長の私を飛び越えて現場の仕事に違う指示を出してくるので、現場が混乱することがありました。テレワークになると、見えないところで、部長から部下に指示が行ってることもあり、さらに、混乱することが増えています。

（営業・課長・29歳）

○ テレワーク下では管理職の「役割」分担も大事

テレワークとなり、**組織がホラクラシー型に移行して「職位」が形骸化していくと、より一層「役割」が重要視される**ようになります。

管理職の役割は、これまで通りの業績を確保しながらも、これまで以上に部下ひとりひとりの様子を気にかけ、チームの一体感を保つことです。ホラクラシー型とは決して"バラバラになる"ということではなく、一体感、求心力はより一層大切になるからです。

また、前述してきたように、テレワーク下では**上司の観察力や部下への細かなケアがさらに重要になる**ことから、管理職はこれまでよりも多忙を極めることになります。

職位の異なる管理職が、いったいどんな役割をすれば、それぞれの業務量を抑えながら、組織がうまくまわっていくのかも、あらためて、考え直す必要があります。

○ 部長と課長が同じ仕事をしていないか?

　たとえば、部長と課長といった役割も考え直す必要があります。これまでは、部長といえども"課長の延長線上"にいる意識で、現場の成果をあげるためにファーストラインで奔走している人も多かったことと思います。

　けれども、これからは**部長と課長の役割を明確に分けていかなければ、チームの平穏と業績を保つことは難しくなります。**

　もちろん部長と課長は常に連携し、お互いの情報を共有しておく必要がありますが、役割分担としては以下のような形が望ましいと思われます。

・課長

　現場の最前線のマネージャーである、ということを今一度意識しなければなりません。**一番大きな役割は「成果をきちんと出していくこと」**です。おそらく不慣れなテレワーク下では、これだけで手一杯になるでしょう。

　重要だが緊急度が低い「部下のキャリア意向」といったことにまで責任を持とうと思っても、後回しになることは目に見えています。後回しにしている間に部下の心が離れていくことを考えれば、現場の成果以外のことは部長と役割を分担し任せる方がベターです。

・部長

　現場の成果を課長に任せて、**ひとりひとりの労働環境、メンタルヘルス、社員同士の関係性といったことを把握**していかなければなりません。定期的に全員と1on1で面談をして、業務の話だけでなく、今後のキャリア意向についても話し合い、それぞれの意向を把握しておくのも部長の役目です。「課長が頼りないから部長が出てきて現場をまわす」というのはよくあることですが、役割を決めておかねば、責任の所在がわからなくなり、混乱するばかりです。課長と同じことをしていないか点検する必要があります。

○ 管理職同士の横のつながりをどうつくるか？

　管理職の役割分担を明確にするとともに、管理職同士の横のコミュニケーションも変わる必要があるでしょう。

　管理職はこれまでも孤独なものでしたが、自分自身も不慣れなテレワークにおいて要求されることが増え、心身のダメージからさらなる孤独に陥ることもあるでしょう。そうした場合に備えて、**管理職同士がお互い気軽に相談しあえるような場を、オンライン上につくっておくことは非常に重要**です。体験談を共有し、困っている人がいたらみんなで考えるような関係をつくっておくことは、いざというときに大きな支えになります。

　これまでは、実は、管理職研修の場がそうした役目を担っていました。管理職同士は、同じ社内にいて会議などで顔を合わせる機会があっても、よほどのことがない限り業務の話しかしないものです。そんなメンバーが一堂に会し、研修が終わると杯を傾けながら「こんな部下がいて困っているんだけど」「こういうチームが理想なんだけど、うまくいかなくて」などとマネジメントに関する悩みを夜通し語り合うのです。気付きや励みになることも多く、その日を楽しみにしていた人も多かったことと思います。

　テレワークで研修がオンライン化されたことで、そうして自由に語り合える場がなくなったのは大きな損失です。Zoom にはブレイクアウトルームなど、少人数で個別に集まって話せる場もつくれますが、やはりリアルで集まる盛り上がりには欠けてしまいます。

　今後、**"管理職研修の夜"のような場をオンライン上に、どうつくっていくのかは、マネージャーのメンタルヘルスを守るためにも大きな課題**だといえるでしょう。「研修」そのものはオンデマンドで各々時間のあるときに映像を見るようにし、マネージャー同士のコミュニケーションに時間を割くようにする方がよいのかもしれません。

第 3 章

チームビルディング

働く場所が離れ、
同じ時間と場所を共有できなくなった時、
チームの一体感はどうやって醸成すればいいのでしょうか?
離れた場所にいても、
同じ目標に向かい、自走するチームのつくり方を考えます。

「プライベートで仲が良い」ことは チームにプラスにならない?

「プライベートな交流」が多い職場は不安が増大する

CASE

直属の部下が8人おり、1ヶ月前から2人がテレワーク、6人が出社して仕事をしています。以前はみんな仲が良く、仕事帰りも頻繁に飲みに行っていたのですが、このところテレワークの2人がほかのメンバーに萎縮しているようで、ミーティングでも発言をしなくなりました。業務も停滞気味で困っています。

（広報部・課長・45歳）

⭕ 仲の良い職場ほど疎外感も感じさせる

テレワークを取り入れている企業でも、全員が完全テレワークの職場よりも、一部の人だけがテレワークをしている「まだらテレワーク」の職場のほうが実際には多いのではないかと思います。

不安感に影響する組織特性

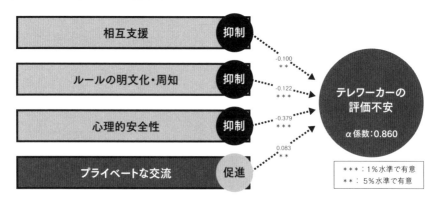

図表3-1（「不安感・孤独感調査」より）

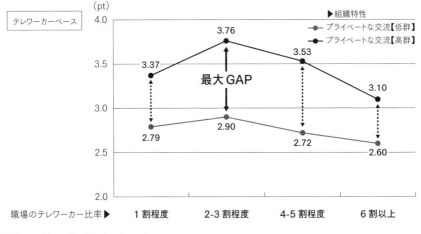

<＜職場のテレワーカー比率別＞組織特性「プライベートな交流」低群・高群の評価不安GAP>

図表3-2（「不安感・孤独感調査」より）

○ テレワーカーが２～３割の時、不安が増大

　図表3-1からは、プライベートでの交流が盛んな職場においてテレワーカーの評価不安が上昇していることが、そして図表3-2からは、テレワーカーの比率が全体の2-3割である職場でこのような傾向が強く出ていることがわかります。序章でもお話しした通り、本来は全員テレワークに移行した方が、マネジメントはしやすいのですが、そうもいかない現実もあると思います。

　「まだらテレワーク」の状態で、出社している人たちが以前のように食事に出かけるなど強い結束を保っている会社では、**そこに加わっていない少数派である自分を"仲間はずれ"のように感じるのは自然なこと**です。この"仲間はずれ感"が高じて「自分は見てもらえていない」「公正に評価してもらっていない」という気持ちにつながることも十分にあり得るでしょう。

○ 「なんとなく結束していた」チームは要注意

　こうしたプライベートでの交流も盛んな仲の良い組織については、いまいちど考え直す必要があります。というのは、**同じ場所で働いていることの利点を生かして仲の良さを保っているチームというのは、会わなくなったときにもろいのです。**

　とりわけ「何で仲良くなったのかわからない、毎日会って、毎日おしゃべりをして、気付いたらなんとなく結束していた」というチームは要注意です。

　無意識のうちに関係性が成り立っているので、距離が離れたときに仲の良さを保つ方法を誰も知らず、崩壊するしかなくなってしまうのです。

○ 経営理念を共有しているチームは強い

　仲の良いチームでも強いのは、意識的に関係を築いた結果として仲良くなったチームです。なぜなら、彼らはチームビルディングの過程で必ずビジョン・ミッション・バリューなどの、いわゆる経営理念を共有しているため、働く場所が離れたくらいで関係性が大きく崩れることはないのです。

　実際、経営理念を共有してさえいれば、テレワーカーは出社者よりも強く組織にコミットメントすることが図表0-18（41ページ）で明らかになっています。

　本章で、「チームビルディング」の方法を詳しくお話ししますが、日本人は「阿吽の呼吸」に頼りすぎて、きちんと言葉にして共有するということをこれまで苦手としてきました。そこを改めて改善することで、こうした「まだらテレワーク」の問題も解決できるはずです。

「まだらテレワーク」のチームで気を付けるべきことは？

極力、疎外感を感じさせないマネジメントを

CASE

テレワークにするか出社にするかは各自に任せることになっているので、会議では、リアル出席の人とオンライン出席の人とが常に混じっている状態です。特に問題ないと思っていたのですが、最近、オンライン出席の人が会議で決定したことをちゃんと理解していなかったことが判明しました。

（企画・部長・50歳）

○ 「決定に関われないこと」がモチベーション低下を招く

　まだらテレワークが難しいのは、リアルでのコミュニケーションのほうが慣れていて容易なので、無意識のうちに、テレワークの人よりも対面している人とのコミュニケーションを優先してしまいがちなことです。

　実際、まだらテレワーク下で少数派テレワーカーとして仕事をしてきた私の知人は、「決まったことしか伝わってこないので、決定までのプロセスがわからない」「知らないうちに、物事が決まったものとして話が進んでいる」ということを訴えていました。出社組の人は、特に悪気なく気軽にした決定なのかもしれませんが、これでは、テレワーカーが疎外感を抱くだけでなく、仕事に対するモチベーションも下がってしまいます。

　モチベーションを高め、維持していくために重要なのは**「仕事に意義を感じるかどうか、自分が成長できると感じられるかどうか、自律性があるかどうか（物事を自分で決める余地があるかどうか）」**という3点です。とりわけ自律性は重要ですから、テレワーカーが決定のプロセスから疎外されていると感じていないか、マネージャーは必ず気を配ってください。

第1章で「物事はその場にいるみんなが合意することによって現実になる」という社会構成主義のお話をしました。すべてのメンバーが同じ場で意志決定のプロセスに関わることは、心理的安全性を確保するためにも必要です。そのための環境やプロセスを整えることは急務です。

⭕ 「まだらウェブ会議」より「全員ウェブ会議」に

　たとえば、冒頭の事例のような会議も要注意です。テレワーカーもオンラインでリアル会議に参加しているからいいと思いがちですが、意外に**リアルの会議室の情報が共有されていないことがあります**。

　私自身、かつて出張先からオンラインで会議に参加したときに、自分だけがオンライン、自分以外のメンバーはすべて社内の会議室にいる、という状況になったことがあります。

　ウェブ会議ツールに映っているのは自分の顔だけで、メンバーひとりひとりの顔はきちんと見えません。現場でどのような話し合いがなされているのか、音声も明瞭には聞き取れません。誰かが持ってきた紙の資料を見ているようなのですが、共有されないので、こちらからは見えません。会議室にいるメンバーだけで話が進んでいき、結論を出す段階になって「どうですか？」と聞かれたのですが、どのような話し合いがなされたのかがよくわからないので、答えようがありませんでした。これでは疎外感を感じるのも当然でしょう。

　こうしたまだらウェブ会議では、テレワーカーだけが"見えない、聞こえない、共有されない"という状況を極力、解消しなければなりません。どれかひとつでも欠けてしまうと、話の流れが見えなくなり、ストレスや疎外感を強く感じることになるからです。

　そうした意味では、一部の人がオンライン参加、一部の人が会議室参加、という状態は避ける方が無難です。**1人でもオンラインでの参加者がいるのであれば、全員がオンライン参加、つまりそれぞれが自分のPCから会議に参加する方がうまくいく**ことは間違いありません。

飲み会や合宿研修なしで、チームの一体感をつくるには?

阿吽の呼吸頼みの「日本式チームビルディング」の終焉

CASE

仲のよい社風だったので、テレワークを導入する前は、部下を誘って飲みに行ったり社員研修に行ったりして、寝食をともにしながら、お互いをわかり合える風通しのよいチームを作っていました。テレワークが始まってZoom飲み会などもやってみましたが、居酒屋で語り合うときのような盛り上がりはなく、このままだとみんなの気持ちがバラバラになってしまいそうで心配です。

（広報・課長・38歳）

○ 日本人がチームワークを発揮する条件

　唐突ですが、日本人はチームスポーツが得意だと思いますか?　私は"ある条件"をクリアしたときのみ、日本人はチームスポーツで抜群の強さを発揮すると思っています。その条件とは、**チームメイトが"同じ釜の飯を食っている"**ときです。

　寮生活や長期の合宿生活で寝食を共にし、お互いに"阿吽の呼吸がわかる"という状態に至ったとき、日本人のチームは素晴らしい成績を残すのです。

　古い例になりますが、1964年の東京オリンピックでソ連を破って金メダルを獲り、「東洋の魔女」の異名を誇った女子バレーボールチームがあります。彼女たちは日本代表でしたが、同時にほぼ全員が日紡貝塚という実業団でもあり、繊維工場の女工として毎日早朝からともに働き、終業後に深夜まで練習をし、同じ寄宿舎で眠っていたのです。チームを金メダルに導いた大松博文監督は、同じ工場の庶務課長でした。驚異的なチームワーク

は、まさに“同じ釜の飯”から生まれたのです（＊5）。

　最近の話で言えば、ラグビーのワールドカップで、日本代表は2015年と2019年に好成績を残しました。この２年に共通しているのは、大会に向けて半年以上の合宿をしていることです。まさに“同じ釜の飯を食った”ことによる日本的な勝利パターンだったと言えるでしょう。

　話を企業に戻すと、高度経済成長期、多くの企業人は終身雇用のもとで社宅に住み、プライベートも含めて家族ぐるみで過ごしていました。そして、そこで築かれた絶妙な関係性が、そのまま仕事上のチームワークにつながっていました。**あの右肩上がりの経済を支えていたのは、長い時間をかけて寝食を共にしながら“阿吽の呼吸”を生み出すという、まさに日本式チームビルディングだったの**です。

　それに対して、欧米人は“同じ釜の飯を食う”などという発想をもっていません。寄せ集めのメンバーであっても、短期間でチームワークを築きます。なぜかというと、彼らは**目的を、そしてひとつひとつの細かな要求を、すべて言葉で伝え合ってチーム内で共有する**からです。伝えづらいことであってもはっきり言葉にするというのは、日本人が最も苦手としていることではないでしょうか。

○　「仲が良い」だけでつながっているチームはもろい

　めいめいが離れた場所で働くテレワーク化という局面は、プライベートまでを共にした社宅時代から180度の転換です。**日本人の得意技である“阿吽の呼吸”に頼れなくなったいま、新たなチームビルディングのあり方を模索しなければなりません。**

　前述の「プライベートで仲の良い組織ほどテレワーカーは孤独になる」というお話でもお伝えした通り、一緒に過ごすことで無意識のうちに仲良くなったチームというのは、ビジョンもミッションも共有していません。共有しているのは“空気感”だけです。だから距離的に離れたときに、関係をつなぎ止めておく方法がわからなくなってしまうのです。愚痴や噂話を共有す

タックマンモデルの図

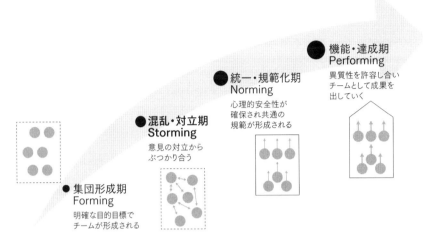

図表3-1

ることによってのみ仲の良さを保っているチームも同じです。

　メンバーがお互いに理解し合い、誰もが安心して要求を言葉にでき、ぶつかり合いを乗り越えた末に高いチームパフォーマンスを発揮できるようになるには、戦略的なチームビルディングが必要です。

　そのための参考になるのが、心理学者のブルース・W・タックマンが1965年に提唱した「タックマンモデル」でしょう（図表3-1）。この手法は、会わずして関係性を築かなければならないテレワークにおいても有効です。

　タックマンモデルでは、チームを次の4段階に分けます。

形成期（Forming）…チームが形成される時期

混乱期（Storming）…ぶつかり合いが起きる時期

統一期（Norming）…それぞれの役割や共通の規範が明確になる時期

機能期（Performing）…成果を出せる時期

　この4つの時期を経て、チームは最高のパフォーマンスを上げられるようになるという考え方です。

○ 混乱期の創出がカギ

　チームが立ち上がって軌道に乗り、なんらかの壁にぶつかるまでの**「形成期」は1〜3ヶ月**です。

　その後、人間関係における葛藤が起きるなどして「混乱期」に入ります。この「混乱期」がどれくらい続くかは、マネージャーの手腕にもよるので、なんとも言えません。最悪のケースでは、混乱期のまま崩壊することもあり得ます。**力のあるマネージャーであれば自ら「混乱期」をつくり出し、短期間で収束させて「統一期」にもっていきます。**

　もともと、日本人は「混乱期」が苦手ですが、テレワーク下では、特に「言いたいことを言い合う」ということを抑制してしまいがちなので、ここをどう創出するかがポイントになります。

　混乱することは悪いことではありません。混乱しているときに、その状態のまま、取り繕うことの方が問題です。混乱し始めたら、一度、立ち止まって全員で思いをぶつけ合いましょう。

　そして**一般的には3〜6ヶ月ほどの「統一期」を経て、チームが最高の**パフォーマンスを発揮できる「機能期」に入ります。

　「タックマンモデル」はチームの人数にかかわらず適用できますが、第2章でお話しした通り、最小単位のチームの人数はマネージャーも入れて5人がベストでしょう。

　では、50人の部署では「タックマンモデル」が通用しないのかというと、そんなことはありません。最小単位の1チームをひとりの人間だと考えてください。「個人と個人の間で心理的安全性を築き、目的を共有し、葛藤を乗り越えて良きチームになっていく」という過程をチーム間で行っていくのです。チーム間には共通の目的もあれば、利害関係もあります。けれども、率直に要求し合い、衝突しても乗り越えていくことで、部署としての強さを引き出すことにつながっていきます。

チームの立ち上げ期に最も大事にすべきものは?

「仲良くなる」を目的にしない

CASE

全員テレワークのプロジェクトチームをまとめることになりました。とにかく仲良くならなければと思い、こまめに雑談のためのオンラインミーティングを設け、なるべくお互いの趣味や家族の話などをするようにしているのですが、1ヶ月たってもメンバーのモチベーションが上がってきません。何が問題なのかわからず戸惑っています。

（販売促進部・課長・32歳）

○ 心理的安全性確保と目的の共有

　タックマンモデルでいう「形成期」はメンバーが集まってくる段階です。テレワークであれば、この初顔合わせもオンラインになります。この段階では、お互いの人柄や役割を理解していきましょう。

　良いチームを築いていくために、このステージで欠かせないのは、以下の2点です。

・心理的安全性を築くこと
・目的（ビジョン、ミッション、バリューなど）や戦略を言語化して共有すること

　「良いチーム＝仲良し」ではありません。仲が良いことと生産性が高いことは別の話です。先ほど海外のスポーツチームの話をしましたが、良いチームにはお互いに要求をぶつけ合えるという特徴があります。

　私自身、27歳までアメリカンフットボールの選手として練習に励んでいました。そして、1997年度に日本一に輝くことが出来ました。当時を思い出すと、

日本一になったチームは、仲の良かったチームではなく、先輩も後輩も関係なく歯に衣着せぬ言い合いができたチームでした。コーチも選手も「勝つ」「日本一になる」という目的のために要求し合っていることがわかっていたので、後腐れなど一切ありません。

極論を言えば、仲良くする必要もありません。そうした関係性を築けていたチームは、絶対的に強かった記憶があります。

この**"躊躇なく、後腐れなく、上下関係なく要求を伝え合う"ために必要なのが、これまで何度もお話ししてきた心理的安全性**です。何を言っても馬鹿にされたり、無視されたり、仲間外れにされたりしない、という安心感がなければ、忌憚のない意見を言うことはできません。この心理的安全性を最初に築くのが、マネージャーの大きな仕事です。

⭕ チームの原点としての「目的」を共有

もうひとつは、目的を共有することです。何のために、どのようにして、どこに向かって進んでいくのか、いわゆる「ビジョン、ミッション、バリュー」や「戦略」といわれるものがはっきりしていれば、「この人のことが嫌いだから」「この人には従いたくないから」などという理由からの発言はなくなり、建設的な意見が飛び交うようになります。

チームのなかには新人もベテランも交じっているかもしれません。相手によって、わかりやすい比喩を使うなど、確実に届くように説明することは大切ですが、**目的そのものは全員に同じフレーズで伝えることが大切**です。

これは、今後何か問題が起きるたびに立ち戻る原点となります。テレワークであれば、口頭で伝えるだけでなく、必ず文章にして全員で共有しておきましょう。

テレワークでは意見の ぶつかり合いが少なくなる?

あえて「混乱期」をつくり出す必要性

CASE

「まだらテレワーク」が始まってから立ち上がったプロジェクトチームでリーダーを任されています。チーム結成から1ヶ月たったあたりから小さな衝突が出てきているように感じますが、表だって意見を言う人も、私に直接気持ちをぶつけてくれる人もいません。私自身がテレワークなので、ランチに誘って愚痴を聞くような機会もなく、どこまでが私の杞憂なのかもわからずに困っています

（マーケティング部・係長・30歳）

⭕ もともと、ぶつかり合うことが苦手な日本人

「混乱期」とは、メンバー同士がぶつかり合う時期です。**この時期を経ないチームは生産性が上がらない**と断言できるほど、チームビルディングにおいては必要不可欠な時期です。

しかし、日本人は人とぶつかることが苦手です。不満があっても「自分さえ我慢すれば……」と黙り込む人がいたり、逆に一方的に感情的になる人がいたり……と、テレワーク以前からうまく混乱期を乗り越えていけないチームはたくさんありました。

それゆえに日本人はぶつからなくても済むように、何ヶ月、何年とかけて空気を読み、相手の気持ちを察しながら"阿吽の呼吸"をつくりだしてきたのです。

しかし、時代の変化に応じてますますスピード感が求められるビジネス

シーンにおいて、それが現実的でないことは誰の目にも明らかでしょう。

◯ 「混乱期」はチームが機能している証拠

連携ミスからトラブルが発生したとき、負担が集中していた人が折れてしまったとき、なんとなくみんなのモチベーションが落ちてギクシャクしたとき、マネージャーはそれが「混乱期」の始まりだと受け止めてください。

ここで自然とメンバー間の言い合いが起きるようであれば、チームはうまく機能していると思ってよいでしょう。個人的に不満をぶつけてくるようなメンバーがいたら、それは心理的安全性が確立されている証拠です。

「部下に文句を言われた」と落ち込んだり怒ったりするのではなく、「関係性を築けている自分はマネージャーとして合格だ」と受け止めてください。

メンバーが意見を戦わせるような場が生じたら、マネージャーは論点の交通整理をしながら見守りましょう。ここで言い争いを避け、お互いに要求し合うことをせずに表面だけを取り繕ってしまうと、次のステージに進めません。**思っていることを口に出すこと、口に出したことをお互いに受け止め合って、前に進む道を探ろうとすることが大切**です。

◯ テレワーク下では混乱期が自然発生しにくい

直接対面して話せないためコミュニケーションに気を使うことの多いテレワークでは、こうした混乱期が自然発生する確率が下がるのではないかと思います。長く一緒にいて"阿吽の呼吸"をつくることもできず、きちんと言葉でぶつかり合うこともできず……と、二方向から塞がれてしまえば、メンバーの気持ちは確実に仕事から離れていきます。そうすると、職場づくりは間違いなく危機的な状況を迎えてしまうでしょう。

複数人で数ヶ月仕事をしていて、何の不満もないということはあり得ません。これは、みんなが不平不満を溜め込んだまま、表面上はうまくいって

いるような顔をしているケースが大半です。

　このようなときは、マネージャーが自ら混乱期をつくり出すのです。きっかけは何でも構いません。誰かのちょっとしたミスでも、意思伝達の齟齬でも構いませんのでタイミングを捉えて「みんな、これどう思う?」「この機会に思っていることを話してくれないか?」と持ちかけてみるのです。

　マネージャーの役割は、ミスをした当事者含めて全員にきちんと気持ちを吐き出させることです。初めてマネージャーになった人は、混乱期が生じたときに「自分のせいでチームがまとまっていないのではないか?」などと気に病みがちですが、混乱期はマネージャー自ら仕かけてつくり出さなければならないほど必要なものだと覚えておいてください。

◯　意見を吐き出させて、目的に立ち返る

　マネージャーは意見を吐き出させたら、チーム結成当初に決めた目的を思い出させ、その目的を達成するためにどうすればよいのかを話し合わせます。「誰が悪い、誰のせいだ」と言いっぱなしで終わってしまっては、しこりが残るだけで、混乱期をつくった意味がありません。

　混乱期をどうコントロールするかは、マネージャーの腕にかかっています。もし、マネージャー自身がそのようなことが苦手なのであれば、ファシリテーション能力の高いメンバーに任せてみてもよいでしょう。収拾がつかないようなら、この混乱期のコントロールだけのために、コンサルタントを入れてもよいと思います。

　このステージにはそれだけの重要性があるのです。

◯　「混乱期」を越えなければ到達できない「統一期」

　混乱期に溜まった膿を出し切り、目的を再確認し、より強固な信頼感を築き上げたチームは「統一期」に入ります。この時期に入ると、全員がチームの目的を理解し、それぞれの役割が明確になり、チーム内の規範が

きちんと確立します。全員が無意識的に役割と規範に従って仕事をするようになったとき、パフォーマンスはぐんぐん上がっていきます。

　うまくこの時期に入れると、同じメンバーで仕事をしている以上は、もうひどい混乱が起きることはありません。何か起きても自分たちで軌道修正できるようになっているのです。

　ただ、新しいメンバーが入ってきたときは要注意です。また混乱期をやり直さねばならないかもしれません。けれども、この混乱期と統一期を行きつ戻りつしながら、チームはさらに結束していきます。

○ チームが自走する最終段階「機能期」

　最終的に目指したいのは、この「機能期」です。

　ここまでくると、チームはマネージャーの指示がなくとも自走することができるようになります。チームとして、もっとも高いパフォーマンスが出せるようになるのもこの時期でしょう。成功体験を重ねることで、さらに力をつけていくことができます。結果として「ホラクラシー型」チームを作ることができます。

第 4 章

ICTを使った
コミュニケーション

テレワークではコミュニケーションはほぼすべて
ICTツールを介して行われることになります。
リアルのコミュニケーションとの違いを
認識し、それぞれのツールの特性を活かして
使いこなすことで、チームの心理的安全性が高まります。

オンラインで
気持ちを伝えるには?

CASE

テレワークになってから、主にウェブ会議ツールで、ミーティング
をやったり1on1をやったりしていますが、どうも、部下が緊張して
いるのか言葉が少ないのが気になります。リアルで対面していた時
のように、こちらの気持ちや言葉もちゃんと伝わっていないんじゃ
ないかと不安です。

（コンサルタント・部長・40歳）

○ モニター越しのコミュニケーションは情報が減る

　アメリカの心理学者であるアルバート・メラビアンは、著書『非言語コ
ミュニケーション』で「コミュニケーションにおいて言葉が伝えるものは7%、
声のトーンなど聴覚に訴えるものは38%、ボディランゲージなど視覚に訴
えるものは55%」だと発表しました（＊6）。

　人はコミュニケーションにおいて93%を「非言語情報」に頼っていると
いうこの報告は、現在も「メラビアンの法則」としてあらゆるシーンで用
いられています。たとえば言葉では「気にしていませんよ」と言われても、
目も合わせず、声のトーンも暗いと、「口ではそう言っても、実際は気にし
ているんだな」と受け取ってしまうことなど、誰もが一度は経験したことが
あるでしょう。

　テレワークにともなって、メールやチャットなどの文字情報ツールや、動
画によるウェブ会議ツールなど、オンライン上のコミュニケーションが主流
になりました。これらの**ツールを使い慣れてきても、どこか違和感がぬぐえ**

ないのは93％にあたる非言語情報をうまく受け取れないことに原因があると思われます。

　そもそも、ビデオをオンにして顔を出しても、目が合っているかどうかはわかりません。視覚情報といっても画面にうつるのは顔周りだけなので姿勢など全身の雰囲気は伝わらず、顔色や声のトーンなどもＰＣの状態によって正確にはわかりません。

　これまでは、**会議室に入ってくるときの歩き方や座る位置などから、相手の気持ちや状態などを無意識に類推**していましたが、それらの情報も消えてしまいました。小さな画面に映し出される２Ｄ（２次元）の情報から、あらゆることを手探りで判断しなければならなくなったのです。不安が生じるのは当然でしょう。

　画面越しのコミュニケーションでは、相手のことも自分のことも、リアルに比べて届けられる情報が減るということを理解した上で、下記のことに注意することが大事です。

◯　表情、うなずきや相づち、話し方に気を付ける

　最もリアルでのコミュニケーションに近いウェブ会議ツールでも、相手が受け取る情報は大幅に減っています。リアルと同様に話していたのでは、なかなか相手に気持ちが伝わらないこともありますので、ウェブ会議ツールに合わせたコミュニケーションをとる必要があります。

　まず、ウェブ会議ツールを使うのであれば、原則として上司はビデオをオンにして顔を出すようにしましょう。**眉間にしわを寄せず、口角を上げて笑顔になるよう、表情を意識してください。**

　人は鏡がないと自分で自分の顔を見ることができませんが、ビデオツールでは自分が話している顔を見ることができます。これはビデオツールのメリットでもあります。自分の顔が、部下にとって話しやすい雰囲気になっているかどうか、常に客観的にチェックするようにしましょう。ノートパソコンで

あれば、自分の目線より高い位置に置くとよいでしょう。その方が威圧感なく、かつ若々しく映ります。

　目線はモニターに映っている相手の顔とカメラのある位置の中間あたりを見ると自然な目線になります。

　また、**相手の話を聞くときはしっかりとうなずくことや相づちを打つことが大事です。**マネージャークラスには苦手としている人がとても多いようですが、オンライン上では相手がうなずいてくれたり、相づちを打ってくれなければ聞こえているのかどうかわからず、相手に不安を与えてしまいます。

　また、**話すときには意識的にゆっくり、はっきりと話しましょう。**
「これ、あれ、それ」「あんなふうに、こんなふうに」といった言い回しは、対面で話しているときのようには通じないものです。とくに関係が浅いと小さなことからも誤解が生じやすいので、**あいまいな言い回しは極力避け、具体的に語る**方がよいでしょう。

　＜ウェブ会議ツールで話すときに気を付けたい５つのポイント＞

1　**表情**　眉間にしわを寄せず、口角を上げて笑顔になるように。

2　**目線**　パソコンを自分の目線より少し高い位置に置き、カメラの位置と相手の顔の位置の間くらいを見ると自然な目線に。

3　**うなずきと相づち**　相手の言うことを聞いているよというメッセージなので、"相手にわかるように"、大きめにうなずいたり相づちを打つ。

4　**話し方**　普段より、ゆっくり、はっきりと、わかりやすく話す。

5　**言い回し**　あいまいな言い回しや指示語を極力避け、具体的に話す。

◯ 心理的なハードルを下げたい時はラフな服で

　上司の威厳を示すために必ずしもスーツでなければいけない、というわけではありません。「今日は部下ともう少し深い関係を築きたいから、打ち解けた雰囲気をつくろう」などと**戦略的に考えて、あえてラフな服装を選ぶのもよい**と思います。

　紺のスーツに白いシャツ姿しか見たことのなかった上司が赤いTシャツ姿で登場すれば、部下も「意外と親しみやすい人なのかな?」と心理的なハードルを下げるかもしれません。「そういう色が好きなんですか?」とか「家ではいつもそういう感じなんですか?」などと部下が興味をもって質問してくれたら、しめたものです。

◯ バーチャル背景は雑談のきっかけにも

　内輪での会議であれば、バーチャル背景で遊ぶのもアリだと思います。先日、ハワイの景色を背景にしている人がいたために「ハワイ、好きなんですか?」「僕も行ったことがあって……」としばし盛り上がったことがありました。

　また、私の部下に自分で描いた絵を背景にしている人がいるのですが、本人の意外な一面が見えて非常に興味深く感じました。そうした話題が会議のアイスブレイクになることもあります。

　画像の話ではありませんが、小さな子どもやペットの犬や猫が乱入してくるハプニングもときどきあります。そうしたことに神経質にならず、むしろ一緒に楽しむ姿勢が新たなビジネスマナーにつながっていくように感じています。

002 チャットツールや ウェブ会議ツールはどう選ぶ?

すべてのメンバーが使いこなせるようになるのが必須

CASE

テレワークになってから、チャットツールとウェブ会議ツールは、なんとなくSlackとZoomを導入しましたが、正直、使いこなせていません。部下に教えてもらいながらなんとかやっていますが、本当に、これがベストなツールなのかもわかりません。どのような視点でICTツールを選べばいいのでしょうか?

（総務・局長・58歳）

◯ ICTの使いこなしがコミュニケーションの質に直結

もはや老若男女を問わず「パソコンのことはよくわからなくて……」とは言っていられない時代になりました。テレワークで業務をこれまで以上に効率よく、そして安全に進めるにはICTに関する知識が不可欠です。

デジタルネイティブである若い世代同士は、オンラインでコミュニケーションをとることにそもそも慣れているので、テレワークになってもツールに関する不安は少ないものです。それに比べて、ITリテラシーの低い上司世代はICTツールの使い方を覚えることを億劫に思うこともあるでしょう。しかし、そうした姿勢から**「Zoomも使いこなせないのに、一体どうやって自分の仕事を公正に評価してくれるのだろう?」**などという不安を部下に抱かせてしまうかもしれません。

いずれにせよ、これからはすべての社員がICTを熟知しなければ仕事が成り立たなくなります。**苦手な社員が多い場合は、研修をセッティングするなどの対応が迫られるでしょう。**

◯ 仕事のスピードを変えるビジネスチャットツール

メールよりも気軽に、かつスピーディにやりとりできるツールとして、テレワーク下でのコミュニケーションで不可欠なのがチャットツールです。

LINEやFacebookメッセンジャーなどをプライベートの延長で使っている人も多いかと思いますが、ビジネスユースに特化したものの方が使い勝手がいいでしょう。以下のような機能が備わっているので、もしまだ導入していなければ試してみるのもおすすめです。

- **1対1でのチャット**
- **グループチャット**
- **やりとりした内容のタグ付け、検索**
- **音声通話、ビデオ通話**
- **クラウドを介したファイルの保存、共有**
- **PCやタブレットでの使用**

代表的なビジネスチャットツールとその機能の特徴は、巻末の表にまとめましたが、Slack（スラック）、Chatwork（チャットワーク）、LINE WORKS（ラインワークス）、Microsoft Teams（マイクロソフト・チームス）、Talknote（トークノート）などがあります。

一般的にチャットなどに慣れているメンバーが多い場合は、多機能なものがよく、使い慣れていないメンバーが多い場合はシンプルな機能のもののほうが使い勝手がよいでしょう。ぜひ、巻末の表の機能などを参考にしながら選んでください。

◯ いまや仕事に欠かせないウェブ会議ツール

これまでの対面でのコミュニケーションの代わりになるものが、ウェブ会

議ツールです。1on1から、チームでの朝礼、ミーティング、会議、研修、外部との商談にいたるまで、ほぼすべての場面で使えます。なるべくリアルに近い情報を届けるためにも画像や音声の安定性は最重要です。

かつてのテレビ電話などとは異なり、**画像を共有したり、集まったメンバーのなかでも少人数に分かれて話し合う場を設けられたり……とビジネスユースならではの利点がたくさんあります**ので、目的に合わせて選んでください。主だったものに、

Zoom（ズーム）、Cisco Webex Meetings（シスコ・ウェブエックス・ミーティングス）、Google Meet（グーグル・ミート）、Microsoft Teams（マイクロソフト・チームス）、Calling Meeting（コーリング・ミーティング）などがあります。

こちらも、巻末ページでそれぞれの特徴をリストにしておりますが、選ぶ時の目安としては、画像や音声の安定性、機能の使いやすさ、セキュリティの高さなどを勘案して選ぶのがよいでしょう。

○　"ハンコのために出社する社員"を救うツール

テレワークに役立つICTツールはコミュニケーションのため以外のものもあります。図表0-7（26ページ）によると「押印や書類準備のため」にテレワークができないということが、テレワーク非実施理由の6番目に入っています。

世の中にここまでテレワークが浸透しても「押印のために出社する」という習慣を貫き通すのは、ナンセンスではありませんか？　実際、**署名や押印を含め、クラウド上で契約を成立させることのできるソフトも多々流通しています。**一例を巻末リストでご紹介しますので、チェックして導入を検討されることをおすすめします。

○　テレワーク成功のカギはセキュリティ

テレワーク開始とともに「社員が持ち帰っているパソコンやUSBメモリを

どこかに置き忘れるのではないか？」という懸念が一気に高まりました。こうした人為的ミスはどれだけ気をつけていても起こり得るものです。データを持ち帰るのではなく、社外から社内のPCにアクセスして作業する「リモートデスクトップ」や「VPN（公衆回路を使って構築する仮想のプライベートネットワーク）」などセキュリティ対策をしっかり行った上でオンライン機能を利用して作業することをおすすめします。

　データもしっかりセキュリティ対策を施したネットワーク上に保存して管理してください。AWS（アマゾンウェブサービス）、GCP（グーグルクラウドプラットフォーム）、Azure（マイクロソフトアジュール）のような堅牢なシステムを利用して管理する方が、自社の脆弱なネットワーク上で管理するよりもリスクは少ないと思われます。

　フリーWi-Fiは便利ですが、セキュリティの面から考えるとビジネスで使うという選択肢はあり得ません。VPNのソフトウェアを介してインターネットを利用するように徹底してください。

　また、ひとりひとりが以下のような点に配慮することも大事です。テレワークを導入した企業では、情報セキュリティ部門やコンプライアンス部門が中心となって、こうしたことをまとめた新たなビジネスマナーをつくる必要があります。現場のマネージャーはルールを啓蒙したり、徹底させたりすることに責任を負う必要が出てくるでしょう。

＜個人が気を付けること＞

・メールの誤送信を防ぐために、送信前に宛先を再確認。

・カフェやワーキングスペースなどで作業をするときに周囲の人からのぞき見られないよう、パソコンやスマホの画面にのぞき見防止フィルタを貼る。

・カフェやワーキングスペースなど、見知らぬ人のいる環境でオンライン会議に参加しない。

テレワークでの「報・連・相」ルール

どのシチュエーションで、どのツールを使うのか?

CASE

テレワークになったことでなるべく若手が使いやすいツールを使わねば……と思い、報告や連絡もほぼチャットになりました。スピーディなのは良いのですが、みんなの仕事ぶりが雑になり、誤解や記憶違いがすごく増えたような気がしています。またいまだにメールや電話で報告してくるメンバーもいて、後で混乱することもあります。何かルールをつくらねばと思っています。

（人事部・部長・55歳）

◯ ツールの特性を生かして「報・連・相」を

これまで何度もお話ししてきたように、テレワークにおいては心理的安全性が下がりがちです。上司の状況も見えないため、**部下は気兼ねして「些細なことであれば、上司に報告や相談しないで自分でやってしまおう」と"報・連・相"を省いてしまうこともよくあります。**それでは、後になって取り返しのつかないミスや誤解が生じてしまうかもしれません。

上司の側も、出社していた頃は部下の様子に違和感があれば声をかけることができましたが、もはやそうもいきません。**これまで以上に意識的に"報・連・相"の場をつくり、時間は少なくても、接触の頻度をあげる**ようにしましょう。

ちなみに、報とは、主に上司への経過や結果の報告、連とは、上司を含む関係者への連絡、相とは主に上司への相談を指します。

報連相の状況別おすすめツールと使い方

種別	状況	おすすめツール	使い方
報告	緊急事態	電話	報告する相手を確実につかまえて報告する。対応が必要なことは指示を受けて実行する。報告後にメモを作成して共有する。実施事項は、To Doリストにいれて管理する。
報告	通常	チャット	報告する相手にチャットにて簡潔にまとめて報告する(フォーマットを決めておくと内容のヌケやモレがなくなる)。 報告後、チャット上で今後の対応に関する指示を受ける。必要があれば納得するまで質問や協議を行い、決定事項を明確にしてTo Doリストにいれて管理する。
連絡	緊急事態	ウェブ会議ツール	関係者をスケジューラーなどを使って緊急招集する。全員にウェブ会議に参加してもらい資料共有機能を使って伝達する(資料はフォーマットを決めておくと内容のヌケやモレがなくなる。後で関係者に送付する)。
連絡	通常	メール	関係者全員にメールにて連絡内容を簡潔にまとめて連絡する(フォーマットを決めておくと内容のヌケやモレがなくなる。関係者の選定は情報セキュリティの観点から気を遣う点である)。 必要な資料は添付もしくは、格納場所を記して送付する。
相談	緊急事態	チャット＆電話＆ウェブ会議ツール	相談内容を簡潔にまとめて上司など対象者にチャットにて送付する(フォーマットを決めておくと内容のヌケやモレがなくなる)。その上で電話をして相手をつかまえて確実に見てもらう。その後、ウェブ会議ツールやチャットを使って相談内容を共有し、解決方法の協議を必ずメモを取りながら意識を合わせて進めていく。最後に決定事項を明確にしてTo Doリストにいれて管理する。
相談	通常	チャット＆ウェブ会議ツール	相談内容を簡潔にまとめて上司にチャットにて送付する(フォーマットを決めておくと内容のヌケやモレがなくなる)。その上で関係者を上司と相談・特定してスケジューラーで相談内容と一緒に関係者を招集する。 その後、ウェブ会議ツールを使って関係者全員に相談内容を資料を使って共有し、解決方法の協議を必ずメモを取りながら意識を合わせて進めていく。最後に決定事項を明確にしてTo Doリストにいれて管理する。

図表4-1

○ 報告の第一報はメールよりチャットで

　スピードを優先する**報告であれば第一報はメールよりも手軽でスピーディなチャットがベター**でしょう。電話ならもっとスピーディではないか、と思われるかもしれませんが、文字に残らないため"言った、言わない"の水掛け論になってしまう可能性があります。

　メールは、よほどきちんと受信ボックスを整理していないと「あのときのメールはどこにいってしまったんだ?」と後で探すのが非常に大変です。その点、チャットはスレッドごとに遡ることができますし、ものによっては検索機能も使えるので非常に便利です。

ただ、すぐに対処しなければならない**クレームなど、緊急度の高い報告をチャットでしても相手が気付かなければ仕方ないので、そのようなときは電話を使う**しかありません。

メールは決定事項を大勢に一度に連絡するような場合に適しています。

○ 相談は「文章化して共有しながら」が鉄則

テレワーク下では、さまざまなことをきちんと"見える化"すべきだということはお話ししてきました。相談も同じく「その都度チャットですればよい」「電話したついでに話せばよい」ということではなく、部下自身にきちんと書き出させましょう。その際は、現状がどうなっているのかということだけでなく、この先どうしていくつもりなのか、というところまで書いてもらいます。そして、ウェブ会議ツールでその文章の画像を共有して一緒に見ながら、改めて話を聞くのです。

私自身もこの方法で相談を受けるようにしたところ、「この点はこう改善しよう」「次からはこういうことも加えよう」などと、かなり具体的に改善点をあげながら密度の濃い話ができるようになりました。部下も、頭のなかがきちんと整理できるようになったようで、発言がシンプルになりました。

現場マネージャーは部下からの報告を受けるだけでなく、その上の上司に報告を上げる役目もあるでしょう。

たとえば相手が役員クラスの上司であれば、業績の数字も、社員のメンタルヘルスの問題も、タイムリーに入ってくることに意味があります。意思決定にかかわる情報なので、正確さも必要です。

しかし、現場の部長や課長は、これまでの何倍も部下のフォローに手がかかり、多忙を極めているわけです。これまで通りの報告方法が良いのかどうか、今一度、確認する方がよいでしょう。

不必要なほどの精度で資料をつくっていたという場合、それが理由で全体の生産性が落ちているかもしれません。簡略化すべきところはする、ICTツールを利用するところはする、などの判断をすべきときが来ています。

004 チャットツールのマナーとは?

気軽なだけに、ハラスメントに要注意

CASE

部下の女性から「コンペで勝った」という報告のチャットが来たので、つい、「おめでとう、お祝いに今度2人で飲みにいこう♡」と返したところ、後でセクハラだと言われて問題になりました。こちらはお酒も入っていた時だったので、気軽な気持ちで返信しただけだったのですが、それ以来、チャットが怖くなっています。

（営業企画・部長・48歳）

⭕ チャットは慎重になったほうがいい理由

テレワーク下では、日常の報・連・相に最も頻繁に使うチャットツールですが、スピーディにコミュニケーションがとれて、大変便利な一方、使い方を誤ると非常にリスクがあるのも事実です。

メールなどに比べて、ビジネスでの連絡ツールとして使われるようになってからまだ日が浅いので、共通のモラルやマナーが醸成されているとは言いがたいからです。また、日常的に使いこなしている若者世代と、最近始めた上司世代とでは、感覚にギャップもあり誤解も生じやすいのです。

さらには、文字に残り、シェアもされやすいので、ついついその場のノリで返した一言が、後々問題になる可能性もあります。たとえば、カッとなって送った一言がパワハラだと言われたり、その場の冗談で盛り上がって送った一言がセクハラだと問題になるリスクもあります。

あえて、カジュアルに雑談などにも使うことで、部下との関係性を深められるツールですが、チャットのマナーを知っておくことは、自分の身を守ることにもつながります。図表4-2のような行為は、セクハラやパワハラと受け

取られることがあるので、どんなに親しい間柄でもＮＧです。

〇 チャットは即レスが当たり前？

　若い世代は「既読スルーはＮＧ」という文化のなかで育ってきています。もちろん、ビジネスシーンではすべてにおいて即レスが必要なわけではありませんが、**緊急度、重要度の高いこと、それほど緊急だと思われなくても部下が困っていることなどであれば、すぐに返事を送る方が良好な関係性を築ける**でしょう。すぐに返せないときは、その旨だけでも返事をする方がよいと思います。

　ただ、あまりに即レスにこだわりすぎると、上司の負担が大きくなるので、忙しい日などはあらかじめ「今日は急ぎの作業に集中したいから、緊急事態以外は対応が遅れます」ということを何らかの手段で知らせておけば、部下も返事が来ないことに悩まずにすむでしょう。また、基本的には、雑談のチャットであっても、業務時間外には送らないのがマナーです。

チャットで気を付けたい、パワハラ＆セクハラ行為

- パワハラ
  - 休日に大量のメッセージ送信
  - 業務時間外のチャット等への反応の強要
  - 正論メッセージの繰り返し送信
  - 「やったよね」というような相手の行動を指摘するような疑問文を使う
  - 特定の人物をオンライン会議に呼ばない、チャットグループに招待しないなど、業務上必要なのに隔離する行動
- セクハラ
  - プライベートに踏み込み過ぎる
  - 容姿や体型、化粧の有無や服装について言及する
  - 1対1でのオンライン飲み会に誘う
  - SNSでの個別のつながりを求める
  - 業務に関係がない2人きりでのウェブ会議、通話、チャットを強要する
  - 業務上必要がないのに自宅の場所を聞き出したり、訪問したりしようとする
  - ※「普段と違うプライベートな部分をコミュニケーションのきっかけにする」くらいの軽い気持ちで発した言葉でも、**受け手側が不快感・嫌悪感を覚えるなら、それはセクハラになってしまう。**

＜図表4-2＞

オンラインで「1on1」を効果的に実践するには?

定期的にすべき最も重要なコミュニケーション

CASE

緊急事態宣言とほぼ同時に入社してきた部下がいます。ほとんど顔を合わせておらず、時々、業務の進行が気になった時などにオンラインで1on1を実施するのですが、心を開いてくれているような様子ではありません。このままの状態でテレワークが続くと、辞めてしまうのではないかと心配です。

（企画開発・課長・35歳）

⭕ 大規模なミーティングより「1on1」を増やす

　図表4-3は、テレワークが始まった直後の、さまざまなオンラインミーティングの頻度を表しています。

　「職場単位」「プロジェクト単位」「1対1」と、規模の大きな順に頻度が高いことがわかります。この結果は全員が出社していた頃の習慣を引きずっていると考えることもできるでしょう。

　この資料によると、上司との1対1のミーティング、つまり「1on1」は1ヶ月あたり平均2.2回という数字が出ていますが、これから**テレワークが常態化していくと、テレワーカーの不安感や孤独感をケアするためにも短時間でも週1回を目安に設定したい**ところです。

　逆に大規模なミーティングは回数を減らし、報告だけが目的なら文書でシェアするなど、必要性のない会議の回数を減らしていく努力も必要です。

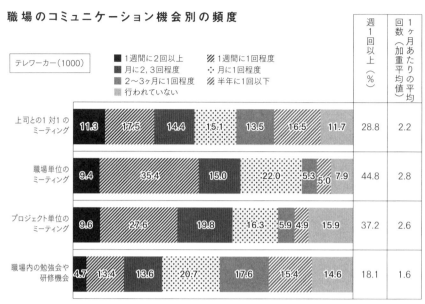

図表4-3（「不安感・孤独感調査」）より

○ 「1on1」は部下に話させる場

　コロナ禍でテレワークが始まる前から、上司と部下が1対1で定期的に対話をする1on1は重視され始めていました。

　そもそも1on1とは業務管理の場ではありません。**部下が抱えている問題に早めに気付いたり、組織への定着を促したり、チーム全体のパフォーマンスを向上させたりするために対話を重ねることが目的**です。実際テレワークが始まり、仕事で疑問や不安を感じても上司に気軽に質問できずに困り果てたり、希望するキャリアにつながらない仕事ばかりを頼まれ「理解されていない感」が生じても口に出す機会がなかったりと、モヤモヤとした思いばかりが募っていく部下にとって1on1はいままで以上に貴重な場になるでしょう。

　常に部下の様子を気にかけ、言葉の端々から本音を探るように努めているマネージャーならまだしも、慣れない環境下で自分の仕事で手一杯に

なっているのであれば、ぜひ1on1の場をこれまで以上に大切にしてください。マネージャーの一言で、部下のモチベーションは大きく変わるものです。

1on1で話すべき内容

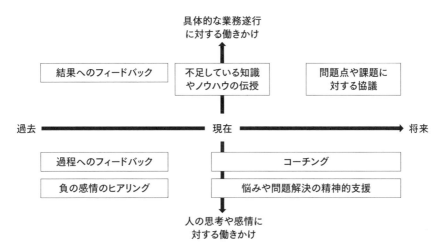

図表4-4

○ 「1on1」は「週に1回」が目安

オンラインでの1on1は、一般的には、情報量が多いほうがいいので、顔を見ながら話せるウェブ会議ツールを使います。ただ、相手によっては顔を出さないほうが話しやすいようであれば、その場合は上司は顔を出し、相手は音声のみ、ということもあり得るでしょう。ウェブ会議ツールを使う際は、前述した通り、表情や話し方などに気を付けましょう。

そして、**定期的に実施することが、相手との関係性を築くためには欠かせません。まだ深く知らない間柄なら、週に1回が目安**です。

とくに若手には、よほどのことがない限り自分から上司に連絡をとらないという人もいます。連絡がないからうまくいっているのだろうと思って放っておくと、仕事の内容がわかっていない、つくっているものが上司の意図と

ずれている、納期に間に合わない、長時間労働になっている、メンタル的に不調を抱えている……など、さまざまな問題が出てくる可能性があります。しかも、知ったときには手遅れだということもあるので、こまめに1on1をする必要性は以前より増えたと思ってください。

よくありがちなのが、上司が聞きたい案件があるなど、気になっていることがあるときだけ、部下を呼び出して1on1をすることです。突然呼び出して「あの件はどうなっているんだ?」などと言うと、詰問されているように感じてショックを受ける部下もいますし、この人は保身のために1on1をしているんだなと部下が感じるかもしれません。

そういう意味でも、**ルーティンとして定期的な1on1を設定しておけば「突然呼び出される」という不安を部下に感じさせることがありません。**

「とくに話すことがないから1on1なんか必要ない」というマネージャーもいますが、それは自分の予想であって、部下は何か問題を抱えているかもしれません。もし、本当に何も話題がなければ、最近のニュースの話などをネタに雑談すればよいだけであって、とりあえず定期的に設定しておく、ということが大切なのです。

⭕ 1on1での話題は?

コミュニケーションの機会が減るテレワーク下では、うまくいっていることであれ、いっていないことであれ、どのようなことも言語化する習慣をつけることが大切です。

まずは、上司の側から自己開示をするという意味で、自分が最近気にしていることや、大切に思っていることなどから話し始めるのもいいでしょう。**相手に心理的なハードルを下げてもらうために、自分の弱みや失敗談を積極的に語るのも効果的**です。部下には成功談を語ってもらうようにすれば「自分を下げて、部下を上げる」ことで、ちょうどよいバランスをとることができるかもしれません。そうした話題をアイスブレイクにしながら、次のような

ことのなかから必要性のあるテーマを選び、部下の本音を少しずつ引き出していきます。よくあるすれ違いとして、上司は目先の業務の成否ばかりが気になっており、部下はこの先のキャリアや仕事など未来のことが気になっているということがあります。時間軸に沿って過去から未来へと話を進める方が、お互いに期待感をもって対話を終えることができるでしょう。

＜１on１で話題にしたいこと＞
- 現在の仕事に関する不安や疑問点
- 現在の仕事に対する気持ち
- 今後の目標
- 以前に決めた目標を達成しているのかどうか
- 今後のキャリアに関する希望

＜１on１でのNG＞
- 自分の武勇伝ばかりを語る
- 自分の価値観を押しつける
- うまくいっていないことばかりを指摘する
- 結果ばかりを気にしてプロセスを無視する
- いきなりプライベートに踏み込む
- 業務の詳細についての話に終始する

○ 所要時間は毎回30分で十分

　長い時間を割く必要はありません。十分に話し合えて、かつ間延びしない時間の目安は30分でしょう。15分では短かすぎて、あわただしくなってしまいます。

　また、対面の会議では「１時間予定したのなら１時間続けなければ」という雰囲気がありましたが、テレワーク化を機に「早く終わったらそこで切り上げて、必要な仕事に時間を割く」という習慣をつけるべきだと思います。そうしたことが新しいビジネスマナーになっていくでしょう。

006 有意義で効率的な オンライン会議のコツとは?

006 有意義で効率的な オンライン会議のコツとは?

会議の内容と頻度、ファシリテーターの役割など

CASE

テレワーク導入以降、気軽に時間を合わせることができるので、チームやプロジェクトでのミーティングや会議の回数が増えています。気付いたら1日がミーティングで埋まっていたり、メンバーの後ろから家族の不満気な声が聞こえたりすることもあり、このままでいいのだろうかと悩んでいます。

（営業部・課長・35歳）

前項でお話しした通り、マネージャーにとっては、各メンバーとの1on1の機会を増やす必要がありますから、それでとられる時間も増えるでしょう。

さらに、部署単位、プロジェクト単位など複数人でのミーティングや会議も、「どこにいても集まりやすい」というオンラインならではのメリットを"気安さ"だと捉えてしまうと、無駄な会議は増える一方になってしまいます。出社している時にもまして、「会議やミーティングだけで1日が終わってしまった」ということにもなりがちです。

子育てや介護と両立させながら、なんとか仕事の時間を確保しようとしているメンバーもいるかもしれません。**会議を最低限に抑えることがメンバーの長時間労働を防ぐことにもつながります**。まずは、会議の頻度について、テレワーク化を機に見直しを図り「必要最低限の会議を効率良く」を心がけましょう。

⭕ 会議の内容や目的により頻度は異なる

たとえば1人の上司が何十人もの部下を相手に**何かを報告するような場**

であれば、**月に1回で十分**です。内容の共有さえできればいいということなら、一斉メールで知らせても構いません。

　プロジェクトチームなど、**お互いの仕事が影響しあうような関係性であれば、週に1回はオンライン上で顔を合わせて進捗状況を報告しあうミーティングを持つ**方がいいでしょう。

　また、**5人くらいの小規模なチームであれば、毎日または1日おきなどにミーティングを設定して、頻繁に顔を合わせることをおすすめします**。朝会や夕会などを設定しておくのでもいいかもしれません。そこで何か議題がある場合は気軽に話し合えばいいと思います。オンラインのミーティングは、場合によっては5分で終わったっていいのです。短時間でもいいので、有意義なミーティングを頻繁に開催することがチームの関係性を保つためにはよいと思います。

　ちなみに、会議の人数は、ミーティングの目的にもよりますが、**活発な議論をしたいのであれば、ファシリテーターを入れて7人程度までが限度**でしょう。8人以上になると、「喋らなくてもよい」と考える人が出てきます。報告目的の会議は、20人、30人になることもあるでしょうが、そのようなときは、ウェブ会議ツールのチャット機能や投票機能をうまく使って、質問を受け付けたり、賛否を問いかけたり、双方向型にするといいと思います。

○　オンライン会議でファシリテーターが気を付けること

　職位のもっとも高い人がファシリテーターになると、結局、その人の意見がすべて通る場になりがちです。できれば、**その場で2番目、3番目の職位で、場をまとめることを得意とする人がファシリテーターを担当するといい**でしょう。

　冒頭でもお話ししたように、ウェブ会議ツールだと相手の声音や顔色などの非言語情報が不足するため、細かな理解に至りにくいことがあります。**対面しているとき以上に文字や図で伝えることや文章に残すことを意識して、**なるべくわかりやすい資料を事前に準備しておく方がいいでしょう。

会議中は資料を画像共有して一緒に見たり、ホワイトボード機能を利用して発言を書いていったり、大勢の会議ではチャットの書き込みを拾って話題にのせていくことにも気を配らなければなりません。**ウェブ会議ツールの機能を使いこなして、出席者が理解しやすくなる工夫をしましょう。**

　また、**議事録はオンライン上の会議であってもつくるべき**です。会議後に「そういえば、あの件はどう決まったんだったかな？」などと立ち話ついでに話題にする機会もないため、誤解があっても訂正されないまま仕事が進んでしまう危険性があります。むしろ、これまで以上にきちんとつくって残しておくべきでしょう。その後の To Do 管理にも有効です。

○ 会議やミーティングの時間帯には配慮が必要

　いつでも開けるオンライン会議であっても、時間帯には配慮が必要です。たとえば子育て中の人であれば、夕方以降は保育園へのお迎えや食事の支度などで、パソコンの前にすわることができません。自宅に個室がなく、リビングから会議に参加する人であれば、夕食後のリラックスタイムにリビングを占有するのは難しいことでしょう。そうした**情報を事前に収集しておき、メンバーとその家族にとって最もストレスの少ない時間帯に会議を設定**してください。ちなみに情報収集をする際、既婚女性に対して「あなたは、この時間は夕飯をつくらないとダメですよね？」というような聞き方は役割の押しつけになるので、注意したほうがいいと思います。雑談のときに「僕は料理が苦手なんだよね」などと言うと、相手が「うちは夫がやるから夜の会議でも大丈夫なんです」などと自然に話してくれることがあるので、そうした情報を忘れないようにストックしておきます。

　基本的には、どんな会議もテレワーク導入前に出社していた時間内で収めるのがベストです。夕方からのスタートは、夜の遅い時間にかかりがちなのでやめた方がよいでしょう。

007

オンラインで、自然な雑談の場をつくるには?

「さあ、雑談をしましょう」と言っても盛り上がらない

CASE

テレワークで雑談が減っているので、意識的に雑談の時間を増やさねばと思い、ウェブ会議ツールで雑談の時間をつくって部下を集めたりしているのですが、私が話すばかりで誰ものってきてくれません。もはや空回りしているようで、どうしたらいいのかわかりません。

（商品企画・課長・38歳）

コミュニケーション手段別コミュニケーション内容

雑談は対面と比べて
非対面で極端に減る!

				コミュニケーション内容			
				報告	連絡	相談	雑談
コミュニケーション手段	対面	対面の会話	(944)	75.8	60.2	60.3	47.0
	非対面	メール	(921)	70.8	68.1	45.1	21.0
		チャット	(657)	49.5	46.9	39.7	24.2
		電話	(854)	54.7	50.8	40.9	21.8
		ウェブ会議、テレビ会議など（相手の顔が見える手段）	(680)	46.9	36.2	31.6	13.7

（%）

図表4-5（「不安感・孤独感調査」より）

○ 観察力の高い上司ほど雑談をしている

　図表4-5を見ると、対面での会話に比べてテレワークでは「雑談」が

ほぼ半減していることがわかります。これは実際にテレワークをしている人たちの肌感覚とも一致するのではないでしょうか。意識していないとつい用件のみになりがちですし、オンライン飲み会などをセッティングして「さあ、雑談しましょう」といってもなかなか盛り上がらなかった、という経験のある方も少なくないと思います。やはり、情報が大幅に削ぎ落とされる2Dの環境でリラックスして雑談に興じるのは、日頃からよほど親しい仲間でないと難しいでしょう。

けれども、心理的安全性を確保するためにも「雑談」は非常に大切です。図表4-6からは、観察力の高い上司ほど、報告や連絡だけでなく「雑談」という形でのコミュニケーション量が多いことが伝わってきます。観察力の高い上司がいかにチームの生産性を上げているか、ということは2章でお話ししてきました。このような観点からも、オンラインでの雑談の場は意識して確保しなければなりません。

○ 本来はウェブ会議ツールのほうが雑談向き

図表4-5からは、チャットツールを使った雑談が、わずかながら多いことがわかりますが、個人的には、チャットでの雑談はあまりおすすめしません。**チャットは文字に残るので、深く考えずに発言したことが後々問題になることもあり得ますし、そうした危険性を警戒して発言を控える人も必ず出てきます。**軽く流してしまえる、という雑談の良さが生かされなければ意味がありません。

もし、チャットで雑談をするのであれば、グループチャットだと書き込むスピードなどによって話題もずれてきますし、雑談に消極的なメンバーは傍観しているだけ……と

「上司の観察力」とコミュニケーション内容（%）

図表4-6（「不安感・孤独感調査」より）

いうことになりがちなので、1対1などの時の方がいいでしょう。

　また、チャットでメールのような長い文章、堅い文章を書くのはNGです。逆に、親しい関係であれば、部下から上司に絵文字やスタンプを使うことも楽しめればいいと思います。

　しかし、本来は、**チャットツールよりも顔が見えるウェブ会議ツールのほうが雑談に向いている**と思います。ただ、日時を決めて雑談の場を設定したからといって、必ず盛り上がるというわけではありません。わざわざ雑談のために集まることに抵抗のある人が多い上、「さあ、何か話して」と言われても話せない人も多く、人数が集まらないという話もよく聞きます。

　私が意識しているのは、会議などの冒頭のほんのわずかな時間を雑談にあてることです。マネージャーがなるべく早めにログインして、参加者に近況や趣味のことなどを聞くのです。あまり大人数の会議だと無理ですが、「最近感動したこと」「最近失敗したこと」など、毎回テーマを決めて一人一言ずつ喋ってもらうこともあります。月曜日の朝礼なら「日曜日何をしたか？」でもいいでしょう。「何か喋って！」という話の振り方をするマネージャーもいますが、それでは何を話したらいいのかわからず、しらけてしまいがちです。

　とはいえ、プライベートな話題を強制するのは御法度です。喋りたくないような素振りを見せていないかどうか、相手の様子をよく見ながら進めてください。

　たまには雑談ではなく、クイズなどを出してアイスブレイクにすることもあります。また、全員で話さずにブレイクアウトルームを設定して、少人数で話すのも効果的でしょう。

○ オンラインをオフラインの再現と考えなくてよい

　さて、ここまで「オンライン上でも、できるかぎり対面していた頃と同じようにコミュニケーションをとる方法」についてお話ししてきたわけですが、時と場合によっては「オンラインはオンラインでしかない」と開き直ってみ

る必要もあるのかもしれません。

　雑談ひとつとってみても、オンライン上ではその内容が多くの人にオープンになります。さきほど「チャットは文字に残るのでウェブ会議ツールの方がよい」というお話をしましたが、ウェブ会議ツールも録画されていれば後に残ります。そうしたことを考えて、発言することに対して心理的なハードルが上がっている人もいることでしょう。

　いつも話していることを、無理をしてまでオンライン上にもってくることが本当に必要なのでしょうか?　それができないことは不幸なことなのでしょうか?　オンラインに何もかもを求めすぎず、「いまこのコミュニケーションは何のためにとっているのか?」という目的をお互いにはっきりさせ、「最低限そこをきちんと満たすことができればそれでよし」とするのも、不安や不満をもたずに過ごすひとつの方策かもしれません。

○　これまでの人間関係のあり方を見直すことも

　さらには、「これまでの人間関係をオンライン上でも死守しなければいけないのだろうか?」ということも一考の価値があると思います。もちろん、会社の同僚と良質なコミュニケーションをとることは必須です。けれども、それはあくまで仕事のためです。

　もし、これまで、同僚と飲みにいって雑談するのがストレス解消になっていたのであれば、これからは、地域のコミュニティに目を向けて、そこでのリアルなつながりにストレス解消や気分転換を求めることもできるでしょう。

　オンラインでは「オンラインだからこそできることを」、オフラインでは「オフラインだからこそできることを」と割り切ってそれぞれの良さを求めるのも、これからの新たな生き方なのかもしれません。

008

テレワーク時代の人脈の広げ方

人と知り合ったり、仲を深めたりするチャンスを増やすには

CASE

これまで積極的に社外でのセミナーや異業種交流会などに参加しており、人脈の豊富さを管理職としての自分の武器にしてきました。テレワークが始まってから、そうした場がなくなってしまい、どのようにしたらいいのかと戸惑っています。

（商品開発・課長・41歳）

　これまではセミナーや研修、ランチや飲み会などで他部署や他社の人と知り合い、そのご縁が仕事に発展することも日常的にありました。また仕事で出会った人を、ランチや飲みに誘ってさらに仲を深めたりすることもよく行われていました。

　テレワークではそうした偶然の出会いの機会が失われてしまうため、意識的に出会いの場を増やしていく必要があります。

　逆に考えれば、オンライン上のミーティングには、海外など遠方に住んでいる人が参加していることもあるので、うまくいけば出社していた頃には出会えなかったような人と出会い、予想もしていなかったような人脈を広げられるというプラス要素もあります。

　オンライン上で出会いの場をつくるには、以下のようなことを意識するといいでしょう。

○ オンライン上の集まりやSNSに積極的に参加する

　日々、いろいろなテーマでオンラインセミナーやオンラインの飲み会など

が行われています。もし、自分が気になるセミナーがあったり、そういった集まりに声をかけられたときは、仕事に直接関わりがなくても、積極的に参加するようにしましょう。大人数でのセミナーや研修会だったとしても、ブレイクアウトルーム（小さなグループに分けられたオンライン上の部屋）などで個人的に誰かと親しくなる機会があるかもしれません。

　また、**FacebookやLinkedInなどのSNSを積極的に使って、発信したり気になる人にアクセスしたりして、社内外を問わず交友関係を広げていくのも効果的**です。こういったSNSで日常的に接点があると、リアルで会ったことがなくても、ごぶさたしていても、不思議と親近感がわくことは、皆さんも実感しておられるのではないでしょうか。

　とはいえSNSはプライベートで使っている人も多いため、上司から部下に友達申請をすると困惑されることもあるかもしれません。**上司は「申請されたら受ける」というくらいのスタンスがよいでしょう。**

○　意識的に、知人友人を紹介

　もし気になる人がいても、自分から直接コンタクトをとるのは、リアルであれオンラインであれ躊躇するものです。そのような場合には、共通の知人に間に入ってもらって、一度オンラインでのミーティングなどをセッティングしてもらえば、次回からは個人的にコンタクトをとりやすくなります。また、上記のようなSNSは誰と誰が知り合いなのかも見えるので、気になる人を紹介してもらう時にも便利です。

　逆に豊富な人脈をもっているマネージャークラスの人は、ぜひ意識的に知人友人を自分の部下に紹介してあげてください。とくに、**テレワーク下でキャリアをスタートさせるような若手は、将来的に人脈不足に陥る可能性**があります。

第 5 章

仕事のアサインと
業務管理

毎日顔を合わせることによって上司が部下の状況を把握でき、
その折々にアドバイスができるリアルの職場と
状況把握が難しくなるテレワークでは
仕事の渡し方も進め方も変わってきます。
上司も部下もお互いに安心して
効率的に仕事を進める方法を紹介します。

001

「仕事を渡すとき」に伝えるべきこととは?

仕事の成否は、「渡すとき」に9割決まる

CASE

テレワークになってから、部下から上がってくる企画書のやり直しが増えています。

そもそもの誤解があったり、締め切りに大きく遅れたりするものもありました。わからないことがあったら聞いてくれ、と何度も言っているのに、質問もしてきません。

（マーケティング・課長・40歳）

◯ テレワークでは仕事の軌道修正が難しい

出社して仕事をする大きな利点のひとつに「常に部下とデスクを並べているので、いつでも仕事の軌道修正ができる」ということがありました。

しかし、テレワークになると**部下の進捗状況が見えないので「気付いたら、アウトプットの方向性が上司の望んでいない方向に進んでしまっている」**ということが多々あります。

そうした事態を避け、仕事のクオリティを確保していくには、**上司が部下にいかに上手に仕事を渡せるのか、その手腕に9割がかかってきます。**テレワーク下での「仕事の渡し方」のポイントは以下です。

◯ 仕事の「意義」や「目的」を最初に丁寧に伝える

テレワーク下でも、仕事を渡す時にはウェブ会議ツールなどを使って顔を見て伝えるのが基本です。その時に、ただ「この仕事、やっておいて」と言うのではなく、**「なぜ、何のためにこの仕事が必要なのか」「この仕**

事をすることで、チームとしてどこに向かいたいのか」という意義は必ず伝えなければなりません。

1968年にアメリカの心理学者エドウィン・ロックが「目標設定理論」を提唱しました。これは**「本人が納得している目標については、そうでない目標に比べてモチベーションを高く保てるため、高い成果が出る」**というものです。何のためにすることなのかわからなければやる気が出ない、というのは誰しも身に覚えのあることでしょう。

仕事の意義を伝えることの本質はモチベーションをあげることにありますが、テレワークではこの出発点がずれていると、後々成果物に大きな問題が発生する可能性がある、ということも見逃せません。

とくに日本のマネージャーは、往々にしてこうした"意義の説明"を省略しがちです。テレワークでは意識的に次の2点を伝えるようにしましょう。

・何のためにこの仕事が必要なのか?
・この仕事をすることで、チームとしてどこに向かいたいのか?

この点は必ず文章に書き出して、仕事を渡す際に企画書や資料と一緒に渡しましょう。方向性がズレてきたときに、立ち返る原点がここです。

○ 成果物の「要求水準」「締め切り」を確実に伝える

たとえば資料ひとつとっても「大雑把で構わないので、とりあえず早く形にしてほしい」のか、「そのままお客さんに渡せるような完成度の高いものをつくってほしい」のか、それだけでも大きく変わってきます。成果物の水準感などは漠然と伝えてもわかりづらいので、以前に他の人がつくった類似のものなどがあれば、参考として渡すのもよいでしょう。

要求水準によって、所要時間も変わってくるでしょう。締め切りと要求水準はもっとも重要なので、後で言った言わないの水掛け論にならないように、必ず文字にして共有しておきましょう。

例として「ウェブ会議ツールを調べて、よさそうなものをいくつかピック
アップしてほしい」という仕事を部下に頼むときの頼み方をあげておきまし
た。テレワーク下ではこのくらい細かく伝えることが大事です。

＜「ウェブ会議ツールを調べてピックアップする仕事」の頼み方＞

×悪い例：
「よさそうなウェブ会議ツールをピックアップして資料をつくってくれ
る？　締め切りは１週間後。わからないことがあったらいつでも聞いて
ね」
　→これでは、自分の思っているようなものは、絶対に出てきません。

〇良い例：
・仕事の目的：
「今までＡ社のツールを使っていたのだけれど、どうもセキュリティに問
題がありそうだ。Ａ社の製品以上にセキュリティが強固なものを探して切
り替えたい」
・要求している仕事の内容・水準：
「ウェブ会議のツールを３つほどピックアップし、それぞれメリットとデ
メリットを調べてほしい。費用はＡ社が月１０万円だったから、それを基
準に探してほしい」
・締め切り：
「来月には新しいツールに切り替えたいので、今月中に１社に絞る必要が
ある。そのためにはこの１週間で調べてもらって、その資料をもとに次の
１週間でみんなで相談して、次の１週間で調整して決定することになる。
だから必ず１週間以内に提出してほしい」
　**→「目的」「水準」「締め切り」を丁寧に伝えます。口頭で伝えるととも
　に、上記を文章化して渡すようにしましょう。**

○ 部下と情報を共有するときのポイント

実際に仕事を渡す時には、**口頭で説明するとともに「目的・内容・締め切り」を文章にまとめて部下にメールで送れば間違いありません。**

しかし忙しくて事前に文章化する時間がないときは、**ウェブ会議ツールを使って説明しながら、目の前でその説明を部下自身に打ち込んでもらうという方法がおすすめです。**部下が打ち込む画面を共有して見ることができるので、一緒に見ながら進めてください。

これが、なぜいいのかというと、その場で部下自身に文章化してもらうことで、理解に齟齬がないかどうかがわかるからです。

たとえば、これは私自身の経験なのですが「学習スタイルについての提案書をつくってほしい」と部下に頼んだとき、部下が「学びのスタイル」と文章化してきました。一見同じように見えますが、私のなかで「学び」という言葉は単に"インプットする"という意味ですが、「学習」という言葉は"インプットした上で、それを自分のものにして使えるようにする"というところまでを含んでいます。ニュアンスが明確に違うので、そこを指摘し、最初の時点で方向性をしっかり理解してもらうことができました。もし、最初の時点でそこを共有できずに出発していたら、成果物の方向性がずれてしまっていたでしょう。

テレワークはこうしたズレが生じやすいので、部下がどのように文章化していくのか、一緒に見ながら話すということは非常に重要です。

○ 最初の時点で、部下の不安や悩みを 課題として共有しておく

また、仕事を渡したときに「これは初めてなので不安だ」「ここが苦手なのでわからないかも」といった心配をすべて正直に部下に話してもらうことが大切です。日本の企業では、最初にそうした不安を口にすると「自

分で考える力がない」「やる気がない」などと思われがちですが、そういう精神論、根性論を貫く時代ではありません。**会わずして効率良く仕事を進めるためには、最初の時点でいかに課題を共有できるかにかかっています。**

○ 「何か質問は？」は何も聞いていないに等しい

そのためには、漠然と「何か質問は？」と聞くのではなく、**「自分がやるなら、ここが不安だけど君はどう？」「前任者はここで失敗したけれど、大丈夫そう？」**などと具体的に聞く方が部下は答えやすいでしょう。

第4章でも1on1の方法として説明しましたが、上司自身の失敗談について話した上で「でも君ならうまくやれると思うよ」などと期待感を伝えれば「上司である自分を下げて、部下である相手を上げる」形になりバランスが釣り合うので、部下も率直な不安や疑問を伝えやすくなるものです。

こうしたちょっとしたやりとりが最初にあるだけでも、その後わからないことが出てきたときに部下は速やかに上司に質問できるようになるので「蓋を開けてみたらまったく違うものが上がってきた」という最悪の事態は確実に避けることができます。また部下としても、「ここまで言っても大丈夫なんだ」「こんなに一緒になって問題を解決しようとしてくれているんだ」ということがわかり、心理的安全性が高まります。

ここで部下から出てきた不安や課題は、最初の段階でひとつひとつつぶしてください。さらに「この仕事を成功させることは、君にとってこういう意義があるんだ」と伝えることで、モチベーションも上げられます。

このような過程を経て仕事を渡すのは時間も労力も必要になり、上司にとっては大変な負担になるでしょう。けれどもここを丁寧に行うことでマネジメント効率は劇的に上がります。心理的安全性がしっかりと担保されれば、部下がどんどん問題点を言ってくれるので、ミスややり直しは圧倒的に減ります。まさに"頑張りどころ"です。

002 部下の仕事は細かくチェックし管理したほうがいいのか?

マイクロマネジメントは、実はデメリットだらけ

CASE

テレワークになってから、部下が頼りなくて仕事を任せるのが不安なので、以前より細かく指示を出すようにしています。先日、自分の言う通りにやらせた仕事が失敗してしまいました。部下のせいではないとわかっているのですが、つい苛立って叱責したところ、部下が口をきいてくれなくなってしまいました。

（販売促進・課長・31歳）

○ 部下を受け身にするマイクロマネジメント

細かすぎる管理のことを「マイクロマネジメント」と言いますが、これはオフラインであれオンラインであれ、おすすめできません。

なぜなら、**部下が「上司の言うことだけ聞いておけばいい」「余計なことをすると怒られるから面倒だ」と受け身になってしまい、自主性を発揮できなくなるから**です。

さらに、上司の言うとおりにして失敗した挙げ句に叱られたりすると「なんだ、言う通りにしたのに失敗したじゃないか！ もう二度とこの上司とは仕事をするまい」という頑なな気持ちになってしまいます。

このような衝突を避け、部下が高いモチベーションをもって仕事に臨めるようにするには、**仕事を渡すところまできちんと共有したら、そこから先は部下のやり方を尊重して任せる**ことです。管理するのは仕事の意義や目的、水準、締め切りなど最低限の事柄だけであって、そこに至るプロセスは自分で考えさせるのです。自分で考え、自分で行動した結果の失敗であれば、部下はそこから学び、成長していくものです。

テレワークになると、部下は経験が浅くとも、上司の見ていないところで仕事をする機会が増えます。自分で仕事を進める方法を身に付けることがより重要になってくるという意味でも、マイクロマネジメントはもう時代に即していないと言ってもよいでしょう。

○　テレワークでは部下を「信頼」することが重要

「信用」と「信頼」という言葉の違いはご存知でしょうか？　すでに人柄や実力、実績など過去のエビデンスがある相手を信じることを「信用する」と言うのに対して、失敗したり裏切られたりする可能性もすべて覚悟した上で、将来に向けて未知の相手を信じることを「信頼する」と言います。

　テレワークが常態化すると、実際に会ったことのない人と仕事をしたり、実力をよく知らない部下に仕事を任せたりする機会も増えてくるでしょう。**そんなときに大事なのは、相手を"信頼する"覚悟を決めること**です。出社していた頃なら、一緒に食事に行くなど交流を重ねるなかで少しずつお互いを知り、信頼関係を築くことができました。そうした機会が失われたいま、まずは相手を信頼して仕事を任せることが必要です。

○　部下に任せるときはここをチェック！

「マイクロマネジメントはNG」というところまでは理解できても、いざ任せるとなると不安も多々あるものです。

　前項で仕事を渡すときのポイントをお話ししましたが、実際に仕事を任せた後は**チームで共有するスケジューラーを見ながら、進捗状況を確認していくこと**がおすすめです。

　次項で詳しくお話ししますが、スケジューラーには会議の予定だけでなく、自分ひとりでする作業の工程も細かく書き入れてもらうようにしましょう。仕事を渡した直後に部下のスケジューラーを確認し、もし自分としては10時間くらいかかるだろうという予測をしながら渡した仕事に対して、1時間しか

割いていないことがわかれば「もしかしたら、内容に誤解があるのではないか?」と察して確認することができます。進み具合も毎日確認できるので、安心材料になるでしょう。

⭕ 声をかけるタイミングは「所要日数の1/3」

「任せてしまえば放っておけばよい」というものではありません。定期的にセッティングしている1on1の機会もあるかとは思いますが、1つの業務に対して「予定している所要日数の1/3」が過ぎたタイミング、**つまり10日間ほどを予想して頼んだ仕事であれば3日目に一度声をかけ、内容を確認する**のがベストです。半分を越えたタイミングで確認して根本的な間違いに気付くと、最初からやり直すのはお互いにとって大きなダメージになりますから。

　ちょうどよいタイミングで上司から声をかけてもらえると、部下のなかには「ちゃんと気にかけてもらえているんだ」という気持ちが生じて、心理的安全性を上げることにもつながります。

テレワークでの仕事の渡し方

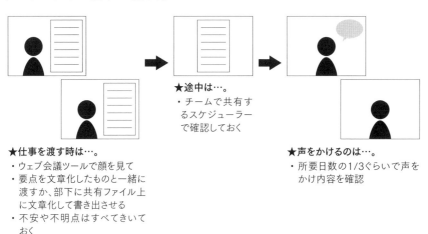

★仕事を渡す時は…。
・ウェブ会議ツールで顔を見て
・要点を文章化したものと一緒に渡すか、部下に共有ファイル上に文章化して書き出させる
・不安や不明点はすべてきいておく

★途中は…。
・チームで共有するスケジューラーで確認しておく

★声をかけるのは…。
・所要日数の1/3ぐらいで声をかけ内容を確認

図表5-1

仕事の見通しが甘い部下はどう指導する?

「WBS」で仕事を分解し、時間に落とし込む

CASE

部下にある企画書を仕上げるように頼みました。最初は「大体1週間くらいでできそうだ」という話だったのですが、1週間たって聞いてみると「あと1週間くらいかかるかもしれない」とのこと。それでは間に合わず、結局引き上げて私が仕上げています。仕事の見通しが甘い部下に仕事を振りたくなくなります。

（人事・課長・32歳）

○ WBS（ワーク・ブレイクダウン・ストラクチャー）でタイムマネジメントを

　仕事ができる人というのは、仕事の見通しを正確に立てるのが上手です。仕事を工程に分解して、それぞれの工程にどれくらいの時間がかかるのかを予想することができます。

　仕事を分解することを、マネジメントの世界では「WBS（ワーク・ブレイクダウン・ストラクチャー）」といいます。たとえば、プレゼンに出す企画書をつくるという仕事を例にあげると、

・アウトプットのイメージを上司に聞く。
・企画書をつくるための資料を集める。
・必要なインタビューのアポを取る。
・インタビューをする。
・インタビューを起こす。
・企画書の流れを作る。

・実際にパワポで企画書を作成する。

・上司に確認する。

・プレゼンの練習をする。

……と、いくつもの工程があります。

　まずはこうして工程と成果物を分けて、次にそれぞれにどれくらいの時間がかかるのかを見積もるのです。見誤るとスケジュールの調整で苦労することになりますが、作業の内容を想像できるところまで分解できさえすれば、大きく時間を見誤ることはありません。

　前述したように、詳しく説明した上で仕事を渡しても部下がきちんと理解できていない様子で「どうやって進めたらいいのか、考えてみます」などと漠然と答えるような状態であれば、上司はその場で仕事を分解させてみましょう。期日通りにアウトプットするために必要な工程は何なのか、ひとつひとつ一緒に挙げていくのです。

　最初に整理することで、仕事のイメージや所要時間の見通しが立ち、さぼりや長時間労働を事前に防ぐことにもつながります。

○ WBSはスケジューラーと連携させて

　こうして分解した工程は、ひとつひとつ共有スケジューラーに書き込ませましょう。全員がスケジューラーを見ることができるので、上司は「ここまで進んだということは、さぼっていないんだな」などと作業の進み具合から判断することができるし、その後の工程を担当する人は「この作業にはあと1日かかるようだから、自分のところに回ってくるのは明後日だろう」と予測することができます。

　このように**ひとつひとつの案件の進行管理と労務管理を直結させることで、効率良くマネジメントできるのがWBS の利点**です。

誰に仕事をアサインしていいか わからない時は?

タレントマネジメントシステムの重要性

CASE

新しいプロジェクトチームの責任者を任されたのですが、ずっとテレワークのため、チームメンバーとほとんどリアルで会話をしていません。誰がどんな経歴で何を得意としているのかも、よくわからないため、つい、気心の知れている部下にばかり仕事を振ってしまいます。そのため、忙しい人と暇な人の差が激しくなっており、このままではまずいと思っています。

（企画開発・課長・35歳）

O 需要の高まる「タレントマネジメント」

これまで新しい業務の立ち上げや、改めて誰かに何かを任せなければならないときなど、どのような流れで人選していましたか？　たまたま各部署や上層部がやりとりをするなかで名前のあがった人や、社内での雑談を通じて「あの人は○○が得意らしいよ」「○○に興味を持っているらしいよ」という噂話を元にしたり、飲みに行った時に「○○をやりたいと思っている」と本人から聞いたりして、"経験と勘と度胸"を頼りに「よし、彼に任せてみよう！」と決めることが多かったのではないでしょうか？

しかし、テレワークが常態化するとどうでしょう。実際に顔を合わせたことのないメンバーも増えてくるでしょう。**社歴が浅ければ、業績や能力を周囲に認知されないまま埋もれている人もいるかもしれません。**用件のみで終わりがちなオンライン会議では、なかなかメンバーについての噂話が広がる機会もなく、ましてや飲みに行って各人の興味や希望などをざっくばらんに聞くことも難しくなります。

同時に社会の激変を受けて、仕事ではますますスピードが求められるようになっています。新しい仕事を誰にアサインするのか、効率よく人選する方法がなければ生産性にも響いてきます。安心だからと、これまでに頼んだことのある人にばかり頼んでいると、人によって仕事量に偏りが出てしまうばかりか、**若手にストレッチアサインメント（本人にとって少し背伸びしないとこなせない仕事を渡すこと）をする機会を失い、若手が成長しない風土ができてしまいます。**

　こうした問題を解決するためにも、**仕事のアサインを的確かつスピーディにできるよう、人材情報を一元管理するタレントマネジメントのしくみ**を整備することが大切です。

◯　「タレント」と呼ばれる人材情報とは？

　タレントマネジメントとは、人材情報を一元的に管理して、戦略的な仕事のアサインや人材配置、人材開発に活用することを指します。1997年にアメリカのマッキンゼー＆カンパニーが『ウォー・フォー・タレント』という書籍によって概念を打ち出して、人材確保、人材育成の重要性を説いたことから、日本でも2010年代以降注目されるようになりました（＊7）。

「タレント」と呼ばれる人材情報とは以下のようなものです。
　　・学歴
　　・入社前の経歴
　　・入社以来携わってきた業務内容
　　・スキル
　　・業績
　　・評価
　　・異動歴（どの上司のもとで仕事をしてきたか）
　　・研修受講歴
　　・心理アセスメントを受けていればその結果

・パーソナリティ診断を受けていればその結果

・望んでいるキャリア

・その他、趣味や特技など

これらを1ヶ所にまとめて公開し、誰もが必要に応じてアクセスできるようにすることによって、

・仕事のアサインやチーム編成の際に役立てることができる

・それによって各階層のメンバーそれぞれのモチベーションや生産性が上げられる

というのが、タレントマネジメントの考え方です。

○ おすすめは「タレントマネジメントシステム」の導入

昨今、日本でも各種のクラウド型タレントマネジメントシステムが開発され、多くの会社が導入するようになりました（巻末の表も参照）。

これらのシステムには、入力されたデータベースをもとに「この人に本当に向いている仕事は、現在関わっているAではなくBです」などと本人に本当にマッチしている仕事を示してくれたり、上司と部下の相性を判断してくれるものもあります。新規事業を立ち上げる際など、こうした最適配置に関する提案を参考にすることで人事の効率化を図ることができる点が、システム導入の大きなメリットです。このデータベースにリアルタイムでのスケジュールを紐付けておけば、相手がアサインを受けられる状態なのかどうかまで事前にわかるので、尚便利です。

また、テレワークだとちょっとした疑問がわいたときなどに、「社内だと誰が詳しいのだろう？」「誰に相談したら教えてもらえるだろう？」と思っても、そのために場を設けるのは気がひけるものです。こうしたシステムがオープンになっていれば、誰が何に通じているのか一目瞭然であるため、すぐに適任者を見つけることができます。

ただ、これらのシステムを導入して使いこなすには、分析に耐え得る量

の情報を会社が保有していることが前提です。情報を一元化できていないことを理由に導入を諦める企業もあるようですが、これからテレワークが続くようなら必要性の出てくるシステムであることは間違いありません。一から情報を入力していくつもりで、前向きに検討することをおすすめします。

タレントマネジメントシステムの例

適材の発掘
・個人プロフィール
・必要な条件から
 個人を検索
・人材情報の集計・分析
 etc

適正配置
・人材をリストアップ・
 グルーピングできる
・組織図
・組織の要件や後継者情報も
 etc

戦略的な
人事機能の構築

優秀人材のリテンション
・個人のコンディションを
 モニタリング
・面接時のメモ
・アンケート
 etc

計画的な育成／評価
・キャリアデザイン
・目標設定・評価
・360°サーベイ
 etc

図表5-1　パーソル総合研究所が開発したタレントマネジメントシステム「HITO Talent」
https://rc.persol-group.co.jp/hito-talent/

○ 人材データ作成にあたっては1on1が必須

人材データとしては「これから何をしていきたいのか」というキャリアへの意向もきちんと記録しておくことが大切です。1on1で聞き取ったキャリアへの意向などを、タレントマネジメントにも生かすようにしていきましょう。

　もし1on1で「仕事がうまくいかずに悩んでいる」などという話が出れば、本人の特性と配置の不一致があるのかもしれません。しっかりと話を聞き、タレントマネジメントシステムに記載しておけば、次の異動に役立てることができるでしょう。

○ キャリア開発にもつながる"データの見える化"

　タレントマネジメントシステムは、人事部と上層部のみが扱う機密情報（評価や報酬額など）以外はオープンにすることに意義があります。これまでは、こうした個人情報はオープンにしないという不文律がありましたが、クローズドにしてしまえば現場で必要なときに役立てることができません。**現場のメンバーに情報が開示されるというのは"人事情報の民主化"のような話であり、非常に画期的**だと私は思っています。

　とりわけ、個人の得意分野や希望するキャリアをオープンにすることで、ひとりひとりが希望の業務に携われる可能性も高まるでしょう。異動の希望を出し続けながらなかなか注目してもらえなかった人も、希望が叶いやすくなるかもしれません。

　上司が「彼にはこの仕事が合っているに違いない」と思い込んで任せている仕事が、実は不向きだったというケースもよくあります。本人は言われるままに黙々と取り組んでいるだけで、改めて聞いてみると「自分では向いていないと思っている」「やりたい仕事ではないのでモチベーションが上がらない」などという声があがってくることは珍しくありません。タレントマネジメントシステムをオープンにすることは、そうした事態を防ぐ手助けになるだけでなく、適材適所を促し、ひとりひとりのモチベーションアップに、ひいてはキャリア開発にもつながっていくものです。

　図表0-9（29ページ）を見ると「成長できるような仕事を割り振ってもらえるか不安」というジョブアサインにまつわる不安の声があがっています。こうした不安を放置しておくと、「この会社にいても自分は成長しないのではないか」「時間のムダなのではないか」という思いが生まれ、離職意向につながります。タレントマネジメントシステムがうまく機能すれば、テレワーク下であってもアサインについての不安はなくなり、組織にとっても本人にとっても幸せな状況になるに違いありません。

第 6 章

タイムマネジメントと
労務管理

テレワークで最大の課題となるのが
テレワーカーのタイムマネジメントの問題です。
部下が実際に働いている姿が見えない中で、
「長時間労働」にも「さぼり」にも注意を払いながら、
マネジメントするコツをご紹介します。

気にかけるべきは「さぼり」か「長時間労働」か?

「労働時間が長くなりがち」な人が増えている

CASE

テレワークになったことで部下がさぼるのではないかと思って、全員のPCを監視できるソフトの導入を検討していた矢先に、直属の部下が過労でダウンしてしまいました。どうやらかなりの長時間労働になっていたようです。さぼりと長時間労働、どちらを気にかけるべきなのかわからなくなってしまいました。

（企画・課長・42歳）

◯ 危険なのは「仕事ができる人」と「真面目な人」

テレワークを導入した企業で必ずと言ってよいほど課題になるのは、テレワーカーのタイムマネジメントについてです。これまでも長時間労働の防止など、働き方の改善は大きな社会課題のひとつでしたが、テレワーク化が進み、**誰がどのような時間帯で仕事をしているのかが見えづらくなったことで、長時間労働はより深刻になりつつあります。**このままテレワークが常態化すれば、長時間労働によって心身に不調を来す人は激増するかもしれません。

とくに危険なのは、仕事ができると周囲から思われている人、そして真面目な人です。前章でも書きましたが、テレワーク下では仕事を頼む相手の顔を直接見られないため、未知の人に思い切って仕事を頼むというケースが減り、すでに信用している人にばかり仕事を渡すようになる傾向があるからです。そうすれば当然、テレワーク開始前の時点で評価の高かった人に仕事が集中してしまいます。なかでも真面目な人はそれに応えようとして、ますます自分を追い詰めてしまうことになるでしょう。

◯ メンタルヘルスに影響も

テレワークのメリットとして「満員電車での通勤時間がなくなった」という声を聞くことがよくありますが、逆にいえば、これまでは否応なく通勤することで仕事から離れる時間をつくれていたのです。通勤だけでなく、客先や打ち合わせ先と行き来する途中で喫茶店に立ち寄ったり、仲間と雑談したりすることで一息ついていた人もいることでしょう。こうした空白がなくなったことで生じた時間をすべて仕事で埋め尽くさなければ「さぼっていると思われるのではないか?」と感じてしまう真面目な人も、テレワーク下でのメンタルヘルスは心配です。

テレワークでの困りごとの経時的変化 (正社員ベース)

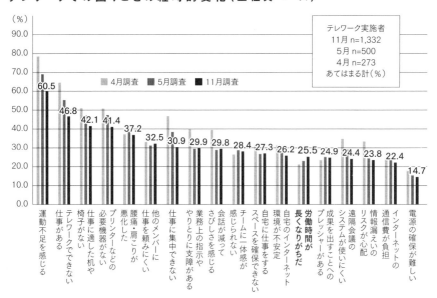

図表6-1(「第4回調査(速報版)」より)

○ 実際に「労働時間が長くなりがち」が増加傾向

　図表0-9（29ページ）の「テレワーク業務時の不安」では、テレワーカーの「さぼっていると思われていないか？」という不安が月を追って減少傾向にあるとはいえ、3位に入っていました。それに対し図表6-1を見ると、**4月から11月にかけてさまざまな困りごとが解消されていくなか、「労働時間が長くなりがちだ」という点のみパーセンテージが上昇している**ことがわかります。要するに「こんなに働いているのに、上司は全然見てくれていないのではないか？」という不安によってさらに働くようになる、という悪循環が起こっているのでしょう。もしかしたら、テレワーク開始前から「上司から見てもらえていないのでは？」という不安があり、それがテレワークによって加速しているケースもあるのかもしれません。

　いずれにせよ、社会全体として労働強化の方向へ傾いているのは間違いありません。まじめな部下なら、より気にすべきは「さぼり」より「長時間労働」のほうでしょう。

○ マイクロマネジメントの落とし穴

　こうした状況があるにもかかわらず、「部下はみんなさぼっているのではないか？」という性悪説を前提にしてマネジメントしようとする上司もたくさんいます。緊急事態宣言が発令されてリモートワークが始まった4〜5月には、こうした細かすぎるマネジメント、つまりマイクロマネジメントをしたがる上司が多いということが頻繁に話題になりました。

　実際、いまの時代、システムさえ入れておけば、誰がいつどのような作業をしているのか、どんなサイトをみて、どんなクリックをしているのか、会社はすべての情報を入手することができます。リアルタイムで上司が部下の様子を映像で見られるシステムを取り入れている会社もあります。仕事の合間についうっかりネットサーフィンをしたり、ネットショッピングをしたり……

ということも、すべてバレてしまいます。いまや管理しようと思えば、なんでも管理できる時代なのです。

　こうした一見便利なシステムは、**働き過ぎを防止するための抑止力にもなり得ますが、さぼりを防止するためのマイクロマネジメントの手段として使うと、結果的に部下の生産性を著しく落としてしまいます。**

　なぜなら、第5章でもお話ししたように、マイクロマネジメントをしていると部下は「何も考えずに、言われたことを言われたままにやっていればよい」という受け身の姿勢を身につけてしまうからです。そのような部下は、上司が管理している範囲内ではうまくやれるかもしれませんが、上司の手を離れた客先や他部署とのやりとりとなると、何をすればよいのかわからなくなり、問題を起こす危険性があります。

○　放任主義で失敗した米Yahoo!社

　アメリカのYahoo!は一足先にテレワークを導入しましたが、2013年にテレワークを禁止し、全員に出社を命じました。放任主義的なマネジメントだったせいで、社員が勤務時間中に仕事以外のことに精を出すなど、結果的に生産性が大きく下がってしまったそうです。ITリテラシーの高い社員が集まっていても成功しなかったというこの事例から、テレワーク下でのマネジメントがいかに難しいものであるかが伝わってきます。

　放任もマイクロマネジメントも、偏りすぎるとうまくいきません。どの程度の管理をしていけば、働き過ぎもさぼりも防げるのか、いまだ正解はなく、上司にとっても慣れないテレワークのなかで試行錯誤が続いています。

　今後、完全テレワークで生産性を上げることは可能なのか、出社組とテレワーク組が入り交じった「まだらテレワーク」をどう管理するのか、という問題において、大きなカギとなってくるのが勤怠管理、そして各々のタイムマネジメントにあると言ってよいでしょう。マネージャー研修の項目でも、タイムマネジメントはより重要になってきます。

002

子育て中の部下が
深夜に仕事をするのは?

「22時以降は仕事をしない」と共通ルールをつくる

CASE

以前「子育てが大変なので退職したい」という意向を示していた20代の女性部下が、緊急事態宣言を機にテレワークになりました。これで仕事と子育ての両立ができるだろうと安心していたのですが、どうも顔色が優れません。聞いてみると、夕方以降は子どもの世話でバタバタするので、連日子どもを寝かした深夜に仕事をしているのだそうです。体を壊したら……と思うと心配です。

（企画・課長・48歳）

○ チーム内で最低限のルールをつくる

　これからは、上司が部下のタイムマネジメントをするだけでなく、**部下も自分自身のタイムマネジメントを確実にできるようにならなければ仕事が成り立たなくなります。**とはいえ、学生時代は時間割どおりに学校に通い、先生に管理され、入社してからは勤務時間に従って会社に通い、言われるままに仕事をしていた……という人たちは、タイムマネジメントの経験自体が乏しいままテレワークに突入しています。生活と仕事の境界が曖昧になり、同僚や上司、部下の動きが見えなくなったことで、これまで以上にタイムマネジメントの難しさを感じている人も多いでしょう。そこで、まずはチームとして、次のような最低限のルールをつくることをおすすめします。

・フレックス制の人も「コアタイム」を守って働くこと。
・22時以降は仕事をしないこと。メールやチャットも送らないこと。
・残業は最大でも1日1.5時間（月30時間）までに抑えること。

144

○ 子育てや介護との両立も"時間内で完結"が鉄則

テレワークのメリットのひとつとして「子育てや介護をしながらマイペースで仕事ができる」という点があります。確かにそれは人材確保のためにも大きなメリットなので、本来なら、フレックス制にして、誰もが無理のない時間帯で働くことが一番でしょう。しかし、**実際には、そのような働き方に慣れていないと、思うようにタイムマネジメントはできないものです。**

たとえば、子育て中の人にはまじめな人ほど「子どもが帰ってくる夕方以降は何もできないから、子どもが寝てから仕事を再開して深夜まで続ける」というケースが多々見られます。これでは、作業時間がどんどん後ろ倒しになり、睡眠時間が削られて体を壊すことにつながりかねません。

そうした意味では、**すべてのメンバーが睡眠時間を確保できるように「22時以降は仕事をしない」というルールをつくっておくことは大きなポイント**です。睡眠不足が生産性を落とすだけでなく、22時を過ぎると深夜残業手当も発生するので、人件費低減の観点からも、ここは鉄則にすべきでしょう。深夜にメールやチャットを送ることも相手の睡眠を妨げる恐れがあるので、すっぱりとやめることがベストです。また、子育て中や介護中の人が、助けを求めたい時に、自発的に「助け合い行動」が起こる職場環境を、オンライン上でも築いておくことも大事です。

遅い時間に仕事をさせないために、たとえば**毎日決まった時間に夕礼を設定しておき「今日はここまでにしましょう」と区切りを付ける**という方法もおすすめです。決まった時間になると強制的に全員のパソコンの電源を落とすことのできるシステムもあるので、導入するのも手だと思います。部下のモチベーションを上げるなどの"アクセル役"だけでなく、ときには"ブレーキ役"になるのもマネージャーの大切な役目です。

フレックス制にする場合、全員が仕事をしているコアタイムは設けておく方がよいでしょう。ただでさえ目の前で様子がわからないので、お互いに質問や相談がしづらくなるのがテレワークです。せめて「この時間であれ

ば、声をかけても大丈夫」という時間が設定されていることで、出社しているときに近い状態を保つことができます。

◯ 残業は1日1.5時間を限度に

　裁量労働制で仕事をしている人には、とりわけ働き過ぎる人が多い傾向があります。たとえば残業だけで月100時間に達するということは、1日の残業時間は5時間。毎日18時に終業しても、その後23時まで働いているという計算になります。これが続くと体調を崩すのは目に見えています。いくら**裁量労働制だとしても必ず睡眠時間は確保できるように、マネージャーは細かくチェック**していくことが必須です。

　テレワークでタイムカードがなくなったいま、こうしたチェックを自己申告に頼っている会社もありますが、自己申告と実際の勤務時間が乖離するのはよくあることです。上司と部下のあいだで話し合って長時間労働を防ぐ努力をする流れはすでにできていましたが、テレワークが導入されたことでさらに加速させる必要があるでしょう。

　いまは社員がいつPCにログイン、ログアウトしたのか、その時刻を記録するシステムもあります。一般的に朝一番の仕事をメールチェックから始める人が多いので、PCにログインした時刻がタイムカードでいうところの出社時刻となるのです。上司が部下のPCを管理することは、前述したマイクロマネジメントにもつながりかねませんが、長時間労働防止のために利用するのも選択肢のひとつです。

　余談ですが、自衛隊専属の医師が言うには、厳しい訓練で最初に脱落するのは「もっとも真面目で、もっとも能力の高い人」だそうです。寝る間も惜しんで自らを鍛えて訓練しているうちに燃え尽きて、心身の調子を崩してしまうのです。では、一番最後まで残るのはどのような人かというと「状況に関わらず、いつでも眠れる人」。訓練がうまくいっていなくても、時間が来たら構わずに寝る、つまり、しっかり休息をとりメリハリをつけられる人が生き残り、最終的には出世していくそうです。

003

部下からの相談やトラブル対応に時間を取られすぎる

タイムマネジメントを制する共有スケジューラーの使い方

CASE

部下を8人抱えてテレワーク中です。共有スケジューラーにその日の作業予定まで細かく入れているのですが、部下からの突発的な相談やトラブル対応で1日が終わってしまい、結局自分の仕事を深夜にしていることがよくあります。かといって、断ると部下との信頼関係が崩れてしまいそうなので断れず、どうしたらよいのかわかりません。

（営業・課長・35歳）

○ スケジューラーに必ず書き込むべきこと

　チーム内でお互いのスケジュールを把握する方法として「社内のホワイトボードに書いておく」という従来の方法をとっていた会社もあるかもしれませんが、昨今はクラウド上の共有スケジューラーを使っている会社が増えていると思います。**スケジューラーなら出社せずともスマホから簡単に編集できるし、自分以外のメンバーのスケジュールもリアルタイムで確認できる**ので、テレワーク下ではもはや必須アイテムだといえるでしょう。

　裁量労働の職場では、上司や同僚からスケジュールを見られることに対して、強く束縛されるような印象を受けて抵抗感を示す人もいるかもしれません。けれども、テレワークではお互いの姿が見えないだけに、これまで以上に共有スケジューラーを使いこなすことが業務を効率良く進めるためにも、心理的安全性を確保するためにも、重要になってきます。

各人がスケジューラーに書き込むのは次のことです。

- **会議や打ち合わせ**
- **この時間帯に済ませようと思っている作業計画（具体的に）**
- **食事や休憩時間など**
- **マネージャーの場合は、相談を受け付けられる時間帯**

○ スケジューラーによってすべてを"見える化"

スケジューラーは全員が公開し、上司も部下も同僚同士も、お互いに見られるようにしておくことが必須です。とくにテレワークでは「自分はこんなに忙しいのに、ほかの人はラクをしているに違いない」などと疑心暗鬼になりがちです。そうした気持ちの齟齬が心理的安全性を阻んでしまうこともあるので、すべてを"見える化"しておきましょう。現場のマネージャーは、毎朝部下のスケジュールを確認してください。さぼり気味だったり、働きすぎだったり……という危ないスケジュールが紛れていることがありますから。

○ 具体的な「作業計画」「休憩時間」まで書き込む

また、これまでは会議や外出の予定しか入れていなかったという人も、これからは具体的な作業計画を書き入れるようにしてください。誰がいま何の作業をしているのか、わかることが安心感につながります。

こうした業務の進行スケジュールを日々のスケジュールとはまったく別に書かせる会社もありますが、それは二度手間です。スケジューラーに書き込んでおけば、書く方も見る方も一度で済むので効率的です。

また、**同僚同士でお互いにスケジューラーに書き込まれた作業計画を見ながら「この作業にこんなに時間をかけなくても、こういうふうにするともっと早く終わるかもしれないよ」などとアイデアを出し合う**のもよいと思います。意外なところから、意外な助け船が出てくるかもしれません。

会議が続くと集中力が途切れる、頭を切り替えられず効率が悪い、など

と自分でわかっている場合は、会議と会議の間にあらかじめ休憩時間を入れておきましょう。上司は、**誰もが正直に「休憩をとりたい」と言い出せる空気をつくる必要があります**。そうしなければ、部下はどんどん"嘘"の予定を入れるようになり、スケジューラー自体が成り立たなくなってしまいます。そういう意味では、アウトプットに向かっていることがわかっているのであれば、プロセスを細かく管理しすぎず、極端なさぼりや長時間労働をのぞいて部下本人にある程度任せていくことも大切です。

○ マネージャーは「トラブル対応枠」と 「相談枠」の確保を

プレイングマネージャーの場合は、自分の仕事をしながらも部下の突発的なトラブルに対応しなければなりません。そのためには、時間的な余白をあらかじめとっておきましょう。どのくらいの時間が必要なのかは人によっても業種によっても違いますが、**突発的なトラブルの処理に要した時間のデータを1ヶ月ほど記録してみると、不思議と毎月だいたい同じである**ことがわかります。時間を確保しておいたのに何事も起こらなかったというときは、自分の仕事を先に進めればいいだけなので、この時間はしっかりと確保しておきましょう。

同じ要領で、**部下から相談を受けるための枠も設けておくことをおすすめします**。「相談があったらこの時間帯に連絡ください」と明記しておけば、何かに集中しているときに手を煩わされることはありません。時間的には、勤務時間の20％ほどが妥当です。こちらも、相談がこなければ自分の仕事を進めればよいだけのことですから。

部下からしてみれば、テレワーク中は上司の"機嫌のよしあし"がリアルタイムでわかりません。出社していれば「ちょっと確認したいことがあるのだけれど、機嫌が悪そうだから後にしよう」とか、「この案件は許可をもらうのが難しそうだけれど、いまなら機嫌が良さそうだからOKしてもらえるか

もしれない」などと、上司の顔色を盗み見ながら判断できたことが、テレワークでは手探りになってしまうのです。

　仕事には、一人で悩んでいても進まないという段階が必ずあり、そこで速やかに相談できるかどうかが岐路になることもあります。相談のタイミングを逸してしまったばかりに、間違った成果物が納期ギリギリに上がってくるようなこともあるでしょう。現場のマネージャーは、ぜひ相談枠を設けて部下が安心して話しかけることのできる雰囲気をつくってください。

○ 「自分のスケジュールは自分で守る」を徹底させて

　ちなみに、スケジューラーは他人の欄に書き込める設定にもできます。「うっかり予定を書き忘れていたら、他人に会議の予定を入れられてしまった」などというのもよく聞く話です。スケジュールを他人に握られることほど、ストレスになることはありません。**自分が自分の管理者でいつづけようと思ったら"先手必勝"です。**その予定を死守したければ、先に書き込んでおくしかありません。

　とはいえ、最年少のメンバーなどは強く言えない場面もあるでしょう。マネージャーは、チーム内に他人のスケジュールを支配するような空気感がないかどうか気を配りましょう。他人から書き込まれた場合「承認・否認」が選べるのであれば、きちんと優先順位を考えて、ときには思い切って否認することも大切だということも部下に伝えてください。流されるだけでは収拾がつかなくなってしまいますから。上司の側も「何もかも最優先で！」と迫るのではなく、部下のスケジュールを見ながら優先順位をつけていくことが大切です。

CASE

部下のひとりから「どうしてこれだけの仕事をこなしているのに、僕の評価は低いのでしょう？」と質問されました。たしかに彼は毎日深夜まで作業をしているようですが、私はそれほどたくさんの仕事を渡した記憶がありません。確認したところ、他部署から相談されたことに対応していたことがわかりました。

（総務・部長・52歳）

○ 「いましなくていいこと」をあぶり出す

　時間だけはすべての人に平等に与えられていますが、仕事に使える時間は実はそれほど多くはありません。そのなかで成果を出していくために大切なことは、次の2つです。

・「自分に期待されていることは何なのか」を正確に見極めること。
・それを最少の工程数で仕上げること。

　もちろん出社して仕事をしていてもこの2点は大事ですが、テレワーク下ではますます意識していくことが必要です。「優先順位がつけられない」ということが理由で、誰にも気付かれないまま長時間労働に陥っている部下がいるかもしれません。

　まずは「やらねばならない」と思っている膨大な仕事のなかから「自分に期待されていること」を見極める必要がありますが、この見極めは簡単なことではありません。

まずは、手元にある仕事を次のレイヤーに分けてみましょう。

・**絶対に、最速で仕上げなければならないもの。**
・**個人的にやりたいと思っているもの。**
・**何に使うのかわからないけれど、人から指示されたもの。**

日々の仕事は、優先順位の高いことから取り組むことが常識ですが、仕事が重なりタイムマネジメントがままならなくなってしまったときは、ピーター・ドラッカーが指摘した「劣後順位」を意識することをおすすめします。**「劣後順位」というのは優先順位の逆で、「いまやらなくてもいいこと」に順位をつけて列挙すること**です。この「劣後順位」を意識してみると、指示された仕事や、済ませておく方がよいと思い込んでいる仕事のなかに不要な仕事が混じっていて、重要な仕事を圧迫していることがあぶり出されてくることがあります。あぶり出されてきたら、勇気を出して「やらない」という選択をすることも必要です。

上記の事例でいえば、部下が深夜残業をしてまで取り組んでいた仕事は、上司が望んでいた仕事ではありません。人のためになることをして満足感を得ることはできるかもしれませんが、上司の期待には応えていないので、当然評価には結びつきません。

「こんなに一生懸命働いているのに評価されない」という訴えをよく聞いてみると、このようなケースはよくあります。この場合、上司はチームとして向かっている方向、いますべきことなどを改めて説明する必要があります。

○ 仕事の要不要の仕分けをするのも上司の役割

頼まれた仕事を何も考えずにこなしているだけ、という部下もいます。最近聞いた話では、同じことを報告するのに課長宛、部長宛、お客様宛……と何種類もの資料をつくっている人がいました。時間の無駄だと思って直属の上司である課長と部長に確認しに行ったら、どれも同じ資料で

構わないとのこと。その人になぜ複数の資料をつくっていたのかと聞いてみたら「前任者もこうしていたから」と言うのです。

　まったく使われることのない資料を延々とつくっていた人もいます。こちらも確認してみたところ、受け取った人はファイリングしているだけだということがわかりました。つくっていた人は「そうしろとマニュアルに書いてあったから」の一点張りです。

　ひとこと確認すれば不要な仕事だとわかることでも、テレワークだとそのチャンスも減り、不要な仕事を延々とする危険性があります。**上司のほうでも部下が無駄な仕事をしていないか、常に気にしたほうがいい**でしょう。定期的に一緒に話し合いながら、棚卸しをすることをおすすめします。

　前述した通り、出席する会議を厳選することも必要です。日本の会社はとにかく会議が多いこと、そして1回の会議が長いことで知られています。欧米では会議は30分単位で設定されることがほとんどですが、日本では最低1時間から設定されますから。「とくに必要だとは思わないけれど、呼ばれたから仕方がない」という会議で1日が終わってしまった、という話もよく聞きます。

○ 「この仕事は本当に必要ですか?」と言える空気を作る

　これからは、劣後順位という視点をもって「本当にいまやらなければならない仕事なのか」を部下にも自分で意識させるようにしてください。不要なことに時間をとられるのは大きな損失です。**長時間労働を改善し、育児や介護と仕事を両立させている人も決まった時間のなかで仕事を完結させるなら、こうしたことをカットしていくしかありません。**

　頼まれた仕事を断ることも、呼ばれた会議に出ないことも、部下にとっては「やる気がないと思われるのではないか?」と思えば勇気のいることです。上司は**心理的安全性をしっかりと構築して、部下が「これは本当に必要ですか?」と言いだしやすい空気をつくっていくことが必須**です。

部下のメンタルヘルスを
チェックするには?

CASE

テレワークが始まって3ヶ月目に、ある部下から「うつ傾向があり、カウンセリングに通い始めた」という話を聞きました。毎日、仕事が終わらず、自己申告の時間よりも遅くまで長時間労働をしていたようです。Zoomでのミーテイングも毎日していたのに、どうしてこうなるまで気付かなかったのだろう、と自分を責めています。

（広報・課長・40歳）

⭕ 部下を注意深く観察すれば兆候に気付ける

テレワーク下では、孤独や不安を抱えやすい上に、ともするとまじめな人ほど長時間労働になりがちです。しかも上司や同僚が、直接会って顔色や声音、漂ってくる雰囲気などの非言語情報から様子を探れないだけに、メンタル不全や体調不良を早期発見するのは難しくなります。上司はより注意深く部下を見ていなければなりません。

観察すべき点は以下です。これらに変化があれば気を付けたほうがいいでしょう。

・表情

ウェブ会議ツールを使ったオンライン会議では、表情がいつもより暗かったり、覇気がなかったりしないかどうかをまずチェックしてください。そういう意味で、**オンライン会議は常に全員がビデオをオンにして顔を出すことが望ましい**のですが、「部屋が散らかっているから……」などという理由で拒む人もいるものです。これを強制するとハラスメントになりますから、決して

強制しないということは大前提です。ただ「ビデオは必ずオンにしよう」と最初に決めておけば、事前に片付けるなり、背景画像を選んでおくなりして、顔を出す人は増えるでしょう。

・身だしなみ

　午前中のオンライン会議で、寝起きのような様子の部下がいないかどうかもチェックします。女性の場合、決してメイクが必須というわけではありませんが、これまで**メイクをしていた人がしなくなった、ということであれば要注意**です。出社していた頃は9時、10時スタートの会議でも身だしなみを整えて参加していたのですから、テレワークになった途端、寝起きのような姿で出てくるというのは何かがおかしい、ということでしょう。タイムマネジメントがうまくできずに仕事が深夜に及び、睡眠がとれていないかもしれません。ストレスから無気力状態に陥っている場合、**身だしなみの乱れがメンタルヘルス悪化の兆候となっている可能性**もあります。

・メールやチャットの送信時刻

　朝一番でメールやチャットをチェックする際、夜間に部下から届いているものがあれば、その送信時刻をチェックしてください。とくに**23時以降に送信しているものがあれば、なぜそんな時間になったのか考える必要があります**。仕事を渡しすぎていないか、不調を抱えて効率が落ちているのではないか、理由は色々と推測できるでしょう。度重なるようなら、長時間労働になっていないかどうか、必ず本人に確認しましょう。

・メールやチャットの文面

　これまで簡潔なメールを書いていた人が、極端に長い文章を書くようになったときも要注意です。きちんと**整理された上で必要性があって長いのか、それとも同じことを繰り返し書いたり、論理が破綻したりしているせいで長いのか、よく見る必要があります**。私の経験上、メンタルヘルスが危うくなりつつある人は説明が長くなったり、要領を得なくなったりしがちです。

・雑談時の様子

　これまでは雑談に加わっていた人が、だんだん無口になってきた、1人だけしゃべらないことが増えてきた、というときは要注意です。気になるときは、1on1の場などで、さりげなく聞いてみたほうがよいかもしれません。

・仕事の進捗状況

　仕事が問題なく進捗していれば、報告や受け答えはシンプルである場合がほとんどですが、問題を抱えていると質問に対しても「イエスかノーか」では答えず、要領を得ない説明を延々と続けるケースがあります。明らかに違和感がある場合は、メンタルが不調なのか、うまくいっていないことを隠すための言い訳が潜んでいるのか、単に頭のなかが整理できていない状態なのか、よく観察してください。単純な受け答えにこそ、その人の心理状態が表れるものです。

○ 簡易的なメンタルチェックをこまめに

　いまは、ストレスチェックを導入している企業も多いと思いますが、これはテレワーク下でも必須です。質問量の多いものは答える負担が大きくなるので、簡易的なチェックをこまめに行うという方法でもよいかもしれません。

　部下のメンタルの状態を会社が把握するという意味ももちろんありますが、本人にとっても、質問に答えながら「そういえば、最近睡眠がとれていないな」などと振り返るよい機会になります。いったん働き過ぎるモードに入ってしまうと、自分が十分に寝ていないことに気付かなくなってしまうこともありますから。

○ 本人を追い詰めない方法を模索して

　部下にメンタルの不調が生じた場合、テレワークでは姿が見えないだけ

に、気付いたときは進行している可能性もあります。そうした意味では、出社していた頃よりも速やかに専門家につなぐ必要があるでしょう。

とはいえ、本人に直接「君、様子がおかしいから、カウンセリングを受けた方がいいんじゃない?」などと無神経に伝えると、信頼関係を損ねる可能性があります。

1on1で対話を重ねながら本人に気付いてもらうように仕向けたり、セルフケアスキルを身につける研修を実施したり、人事課と連携して専門家につないだり、本人をそれ以上追い詰めない方法を模索しなければなりません。

テレワーク化に伴い、人事部門は各部署のマネージャーをサポートするためにカウンセリング能力を身につけたり、産業医との連携を強めたりといった、メンタルケアに重点を置いていく必要があるでしょう。

第 7 章

新人育成

テレワークで最もチャレンジングなのが、
最初からオンラインのみで新人に仕事を教え、育成することでしょう。
オンラインでのOff-JT とOJTを効果的に取り入れながら、
新人に不安を感じさせず、
しっかりと仕事を学ばせる育成のコツを教えます。

新人がすぐに辞める傾向は加速する?

上司にも部下にも「意識改革」が必要

CASE

入社1年目の部下が仕事でミス続きだったので、Zoomで少しきつめに叱ったところ、その場で辞めると言われてしまいました。本人いわく「全然教えてくれないのに、失敗したときだけ責めるような上司の下にはいたくない」とのことです。ある程度は、背中を見て学んでほしいと思っていたのですが、そんな自分が甘かったのでしょうか。

（商品開発・課長・37歳）

○ OJTの段階で辞めていく新人たち

OJTとは「On the Job Training」の略で、実務を通してトレーナー（上司の場合もあれば先輩の場合もあるので、ここでは"トレーナー"と呼びます）が新人に仕事を教えることを指します。職場を離れての研修やセミナーはOff-JTと呼び、現場での訓練とはまた別の扱いになります。

新人教育の大半はこのOJTによるものですが、テレワーク化が進み「隣に座らせて仕事を見せる」といったことができなくなると、どのような対応をしなければなくなるのでしょうか?

本題に入る前に、前提として現在の新人教育の背景についてお話ししておきましょう。コロナ禍によってテレワークが導入される前の段階で、新人教育は大きく2つの課題を抱えていました。

ひとつは、**昨今の全般的な傾向として「手取り足取り教えてもらうのが当たり前」だと思って入社してくる若手が多い**、ということです。その原因として考えられるのは、学校の先生や親が「失敗してこい」と放り出したり、

「自分で見て学べ」と言ったきり放っておいたりせず、すべてにおいて丁寧に教える傾向がある、ということではないでしょうか。とりわけ、効率を重視する塾や予備校では常に「最短距離で絶対に成功する方法」を教えてくれるものです。

しかし、**現在の世の中は誰にも予測がつかないほど複雑化し、簡単に手に入る"正解"などあり得ません**。それでもそうして育てられてきた若者たちは、当然のように「正解は教えてもらえるものだ」と思い込んでいるのです。

さらに彼らは、失敗しても傷つかないように周囲が「君が悪かったんじゃない、環境が悪かったんだ」などというフォローで守られてきているので、自分と向き合って反省する習慣をもっていない可能性もあります。

◯ 第2次ベビーブーマー世代上司との世代間ギャップ

こうして育ってきた子どもたちが社会人になって足を踏み入れる会社という世界には、「俺の背中を見ろ！」と言うだけで面倒も見ない、失敗したら叱りつけるという上司がたくさんいます。

この"上司"というのは、主に団塊ジュニア世代です。ベビーブーマーでもあるので学生時代は人数が多すぎて細やかな配慮などしてもらえず、入社はバブル崩壊後だったので経費削減のために研修に予算を割いてもらえず、見よう見まねで仕事を覚えてきた世代、といえば身に覚えのある方もたくさんいらっしゃるでしょう。

この世代の上司たちが、自分がされてきたことを20代の若者たちを相手に繰り返しているわけですから「仕事を教えてもらえないなんておかしい」という理由で辞めていく新人がたくさんいることも至極当然かもしれません。

一種のジェネレーションギャップでもあるのでしょう。そのことを上司は意識しておく必要があります。

○ 個人の能力に合わせたOJTが理想

　もうひとつは、多くの会社で新人の採用数が多すぎて、個別の能力に応じたOJTができていないという問題です。そもそも、**現在の子育てや学校教育が「個性重視」であるのに対して、会社組織には昭和時代の「金太郎飴方式」を良しとして、均一的な人材教育をしたがる側面が色濃く残っています。**人事部も「機会の平等主義」に縛られすぎて、全員に同じOJTをしなければと考えがちなので、結果として能力の高い新人が、物足りなさから辞めてしまうということが起こっているのです。

　これらの問題を鑑みて「新人の離職を防ぐためには、もっと個人の能力に合わせて、手取り足取り丁寧にOJTを行わなければならない」という流れが生まれていたのが、テレワーク導入直前の状況なのです。

○ テレワーク下では細かな配慮やサポートは限界がある

　しかし、個別対応による丁寧なOJTを……という理想を掲げられたのは、みんなが同じ場所にいてお互いに顔を見ながら仕事をするという前提があったからでしょう。トレーナーは、新人の顔を見れば「教えてもらえなくて困っているのだな」「不安を通り越して、嫌気が差しているのではないかな」または、「ずいぶん余裕があるな、彼は本当はもっとできるんだな」などと察することができました。複数の目があるので、1人のトレーナーが気付かなくても、周囲の上司や先輩社員が気付いて話題になることもあったでしょう。

○ 部下にも、より能動的になってもらう必要が

　しかしテレワークが導入されたことで、上司は部下の様子が見えなくなったのです。これまでできていた細かな配慮や精神的なサポートも難しくなっ

てきます。定期的な1on1で随時様子を聞くように、とこれまで何度もお話ししてきましたが、やはり部下の方から伝えてもらわないとわからないこともあるでしょう。また、新人がそれぞれどのような能力をもっているのか、オンラインツールでのやりとりだけでは見抜き切るのがむずかしく、これまでのように「機会の平等主義」で全員に同じOJTを行おうとすれば、高い能力を持っている新人の存在に気付くことすらできないかもしれません。

　もちろん、トレーナーが指導のスキルを上げなければならないのは大前提ですが、部下の方もより能動的に意識を変えなければテレワークでのOJTは成り立ちません。これまでのように「黙っていたら教えてもらえる、教えてもらえないなら辞める」というスタンスではなく、**自分から貪欲に学びにいくというスタンスに変えなければ生き残れないということを、上司は最初に新人に伝えなければなりません**。テレワークになるということは、それだけ大きく環境が変わるということなのです。

⭕ 採用計画の見直しも視野に入れて

　そして、組織としては採用の考え方から見直す必要があります。これまでは、新卒採用である程度の人数を採ることが重要だと言われてきましたが、その**会社にとって本当に必要な人材、本当にフィットする人材、つまり「能動的に動いてくれそうな新人」だけを採用する、という方向に変えるべき**ときがきています。

　なぜなら、幅広い人材を採用すれば当然ながら能力の差が激しく、上の人に合わせるのか、下の人に合わせるのか、研修を組み立てるのが非常に難しくなります。そこからはみ出る新人に対して、これまでは現場で顔を見ながら個別で応じてきましたが、テレワークではそうしたことにも限界が出てくるでしょう。その結果として、これまで以上に教育に労力がかかるにもかかわらず、新人の離職率があがってしまうということが予想できます。今後のOJTの問題はOJT単体で考えるのではなく、採用の段階から考え直すべきでしょう。

Off-JTも、これまでとは変えなければならない?

Off-JT とOJTのサイクルをまわす新たな新人研修を

CASE

今回初めてオンラインで採用した新人のOJTをZoomを中心にして行っています。対面で行っていた例年に比べて、新人の学生気分がなかなか抜けず、1年たっても仕事に対してどこか他人事のような雰囲気を漂わせています。気持ちを切り替えて、能動的に仕事に臨んでもらうには、どうしたらいいのでしょう?

（営業・35歳・係長）

○ これまでの価値観を手放す「アンラーニング」は必須

　全員が出社していた時は、新人を隣につかせて仕事を教えるOJTが一般的でした。テレワークになると、そのようなOJTが通用しなくなるため、これまでよりも研究や勉強会などのOff-JTを効果的に使っていくことが必要になります。

　そのとき、最初に考えるべきことは「新人にいかに行動変容を促すか」ということです。**学習の本質は「新たな知識を得ることによって、自分の行動が変わること」**ですし、実際のところ新人が学生気分のままで仕事のノウハウだけを習ったところで、組織のなかで戦力になるのかといえば、残念ながらなりません。従来の「見て覚えろ」という形のOJTであれば、上司や先輩の気迫を肌で感じたり、リアルタイムで本音を聞いたりすることで目の醒めるような思いを味わい、新人が自発的に行動を変えていくこともあり得たでしょう。けれども、あらゆることがオンラインに移行したいま、**行動変容につながるような教育は戦略的に考えねばなりません。**

　アメリカの組織行動学者、クリス・アージリス氏は「ダブルループ学習」

学びを加速させるコツ

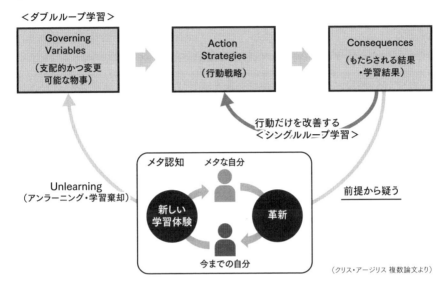

図表7-1

を提唱しました（図表7-1）。ここでは、学習結果によって単に**行動だけを改善することを「シングルループ学習」**と呼びます。それに対して、**学習結果を受けて、それまでに築いてきた価値観を捨て去り（「アンラーニング」または「学習棄却」）、新たな自分となって行動変容に向かうことを「ダブルループ学習」**と呼びます。アンラーニングを実行するには、自分自身を俯瞰して眺めて分析する「メタ認知」という段階を踏まねばなりません（「メタ認知」について、詳しくは67ページ参照）。アンラーニング（Unlearning）とは、アルビン・トフラーの「21世紀の無教養な人とは、読み書きのできない人々ではなく、学び（Learning）、学んだことを捨て去り（Unlearning）、学び直す（Relearning）ことができない人々である」というフレーズにでてくる言葉です。

　アンラーニングは、現在持っている価値観（成功体験の蓄積）の中で、将来にわたってそぐわなくなっているものを捨て去り、新しい価値感（成功体験）を積み重ねていくことで、スピードの速い現代においては新人ばかり

でなく全ビジネスマンに必要とされているものです。

　Off-JTで「ダブルループ学習」が済んでいる、つまり「アンラーニング」が済んでいる状態だと、本格的なOJTに入った後に行動変容がスムーズにでき、社会人としての着実な成長が見込めます。

　前項で、昨今は「正解は教えてもらえるもの」という気持ちで入社する新人が多いというお話をしましたが、そのようなマインドセットがアンラーニングされているかどうかも、その後の成長を大きく左右します。なお、アンラーニングを行うためには以下の手順が必要です。

手順1：自分の行動とその結果をこれまでの前提を疑って省察する
手順2：省察結果から必要な新しいことを学習し、体験する
手順3：体験をメタ認知して省察を行い、自ら革新する価値観を考える
手順4：今までの成功体験・価値観を捨て、新しい価値観で行動する
手順5：小さな成功体験を繰り返し、新しい価値観を自分のものにする

　とくに入社直後のOff-JTでは、上記のようなアンラーニングから行動変容を促す「ダブルループ学習」を意識したカリキュラムを組むことが必須です。

◯ Off-JTはインプット+反復練習

　Off-JTといえば、研修で知識をインプットするのみだと思われがちですが、効果的な**Off-JTは、学んだことを振り返って仲間やトレーナーと対話をしたり、ロールプレイングをしたりして、知識を完全に自分のものにできるように反復練習をする場までを含んでいます。**

　電話の応対や名刺の渡し方などの最低限のビジネスマナーも、このような場で練習することができるでしょう。こうした反復練習を経ることで、実際に現場に出るOJTはより深い学びの場となります（図表7-2）。

　テレワークが浸透する以前にもOJTがうまくいかないという話はよく耳に

学びのサイクル　イメージ図

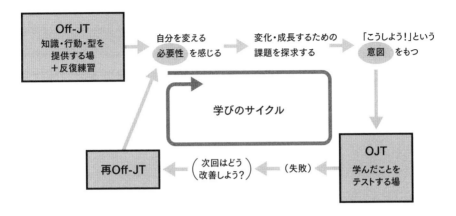

図表7-2

しましたが、多くの場合、原因は「Off-JTでインプットした知識をOJTに
つなげるための場」がないことにありました。対面で仕事をしていても難し
かったのですから、姿の見えないテレワークで聞きかじりの知識をすぐに
現場で生かそうとしても、難しいことは明らかでしょう。

〇 Off-JTとOJTを繰り返して、学びのサイクルをつくる

「新入社員研修でひととおりの知識を詰め込んだら、あとは各部署で
OJTを!」という従来のやり方は、これまでのようなOJTができないテレ
ワーク下ではうまくいきません。Off-JTとOJTをひとつのサイクルとしてまわし
しながら、学びを深めていくような研修の構成にしていくことが必要です。
　図表7-2を見ながら、説明しましょう。新人は、Off-JTで新たな知識や
行動についてインプットしたら、古い価値観を捨て、新しい自分のイメージ
に向かって進んでいかねばという「必要性」を感じます。その上で、新た
な自分に近づくための課題を探求し、具体的な方法を考え、自らの「意
図」をもってOJTを実行していくのです。**「必要性」と「意図」をもって
OJTに臨むということが重要**です。

OJTでは、当然うまくいかないことも出てきます。そのときに「次回はどのようにして改善しよう?」と考えながら再度 Off-JT を受け、改めて変わらねばならないという「必要性」を掘り下げ、課題を探求し……というサイクルに入ります。

このようなサイクルをまわしていくことで、OJT は常に「必要性」と「意図」をもったものになり、高い効果が期待できるようになります。また、受け身ではなく、自発的に考えることが必須となるため、前向きな思考というマインドセットをもつこともできるようになります。

○ OJTはOff-JTのテストのようなものと考える

ここでの OJT は、テストのようなものだと考えてください。Off-JT で練習を積んで、OJT でテストをする、という感覚です。失敗したら何が足りなかったのかを振り返り、再び練習を積んで……というサイクルを繰り返しながら、出口に向かっていくのです。

どのようにすれば出口を突破できるのかという条件は、きちんと決めておく必要があります。目の前で姿が見えれば、トレーナーも「なんとなく大丈夫そうだ」という判断を下せますが、テレワークではそれが見えないので、条件を細かく設定しておき、クリアできているかどうかを 1on1 などで確認していくことが求められるのです。

OJT で成功して出口を突破できれば、次の課題の Off-JT を受けて、新たなサイクルへと入っていきます。どのような課題を学ぶのか、課題の順番はどのように並べるのかといったカリキュラムは、トレーナーだけでなく、マネージャーも一緒に考えるべきでしょう。

テレワークで効果的な OJTを行うには?

部下に仕事の手順を教える時のコツ

CASE

オンラインで採用した新人のOJTを担当しているのですが、テレワークでのOJTが初めてなので、どのような段取りで教えればいいのか戸惑うことばかりです。一応手順を教えたのですが、あまり理解してもらっていないようです。わからないことがあっても遠慮があるのか連絡してこないので、無駄な時間を過ごしているのではないかと気がかりです。

（人事・係長・28歳）

○ まずはトレーナー側が仕事の体系化を

　テレワークでは離れた場所で仕事をするため、OJTの段階で組織全体として進みたい方向性、自分自身の仕事の意義や社内における位置付け、日々の業務の手順など、すべてを言語化してなんらかの形にまとめ、トレーナーと新人の間で共有することが必要になってきます。

　これは簡単なことではありません。「毎日なんとなくやっていることだから説明するなんて無理なこと。自分で見て覚えてほしい」と、業務内容を人に伝える労力を惜しむ上司・先輩もたくさんいます。**社内に優秀なプレーヤーはたくさんいたとしても、こうしたことをきちんと体系化して伝えられる優秀な指導者は少ない**、というのが現実ではないでしょうか。

　余談ですが、最短で2ヶ月で寿司職人を養成する「東京すしアカデミー」という専門学校があります。従来であれば、師匠の背中を見ながら何年もかけて修業をして一人前になるのが当然だと思われていた寿司の世界ですから、なぜこのようなことが可能なのかと多くの注目を集めました。実際

は、教材がかなりしっかりとつくり込まれており、学んで、やってみて、フィードバックを受けて、またやってみて、わからないことがあったら教材に戻り……というシステムが非常にうまく機能しているようです。

これは一般企業でのOJT、とりわけテレワーク下でのOJTにも当てはまる話です。つまり仕事を体系化し、日々の業務内容を書き出し、同じようなものがあったらカテゴライズし、ひとつひとつの手順に至るまでを言語化し、**それを見ればすぐに仕事に着手できるような「仕事を体系化した手順書」いわば「仕事マップ」とでも呼ぶべきものを用意する**のです。

これまで自分の仕事をきちんと体系化してこなかった人にとっては新たな発見もあり、非常に有意義な作業になると思います。意外かもしれませんが、これがテレワーク下でOJTに臨むために欠かせない準備です。

「仕事マップ」を用意できたら、トレーナー間で共有しておきましょう。それによって「教える人によって言うことが違う」という問題を防ぐことができますし、トレーナー同士も近い位置で仕事をしている仲間の業務内容をより深く知ることができ、今後の指導に生かすことができるはずです。

○ 仕事の手順書自体は、新人につくらせる

自分の仕事を体系化して「仕事マップ」をつくるなどアウトプットの準備ができたら、新人に仕事を教える場を改めて設けます。ここであっさりと「仕事マップ」を渡してはいけません。新人がZoomなどを通じて、**トレーナーにインタビューをするような形で、新人自身に手順書をつくらせることが重要**です。先ほど、「新人の側も能動的に学ばなければ」と話しましたが、この方法ならスタートの時点から受け身ではいられないからです。

指導する側も一度頭の中を整理しているので、その場の勢いで不正確なことを伝えてしまったり、相手によって違うことを話してしまったり、大切なことを伝え忘れたり、といったことを避けられます。デスクを並べていれば、ちょっとした訂正なども思いついたときにできますが、テレワークだとそうもいかないので、間違ったことを伝えてしまうと後々まで影響してしまう

可能性があり、こうして事前に整理しておくことが不可欠になってきます。

　テレワーク化が進み"阿吽の呼吸"を頼れなくなると、これまで表情や声音や……という非言語情報が伝達してくれていた部分を言葉で補っていく必要がある、ということはすでにお話ししてきました。この"言語化して共有"という過程を省くと、ときとして認識のギャップが大きな問題を引き起こす可能性もあるでしょう。そうすると、「これは自分の求めていたものではない」という成果物があがってくる、という状況が頻発するようになります。面倒かもしれませんが、ここは徹底しておくことをおすすめします。

○ e-ラーニングのコンテンツを用意する

「仕事マップ」をつくるのと同時に用意しておきたいのは、e-ラーニングのコンテンツです。これは実際に新人が仕事を始めるようになってわからないことが出てきたときに、その点のみをピンポイントで調べることができる、いわゆるオンデマンドタイプのコンテンツです。

　今後テレワーク化が進むと「ちょっとしたことを聞くために、わざわざ上司に連絡をとるのは気がひける」といった状況が必ず頻発します。すでにコンテンツをアーカイブしている企業もあるかと思いますが、今後はよりいっそう充実させていきましょう。

　ひとつのコンテンツは1〜3分の動画に収めます。いまのマネージャー世代などは1〜2時間の動画を見せられた記憶があるかもしれませんが、いまはマイクロラーニング化が進んでおり、短ければ短い方がよいと言われています。項目を細分化し、本当に必要な情報だけを取りに行けるようにする方が効率がよいからです。たとえば「エクセルの関数の使い方」ならその中の関数を具体的に指定して1本のコンテンツをつくってください。

　こうしたコンテンツを有効活用するには、やはり新人自身に能動的になってもらうしかありません。どれを見なさい、と上司や先輩に言われなくても、わからないと思ったら自分から情報を探しにいく、とりあえずあれこれ見てみる、というスタンスを徹底させなければ、成長の道筋はありません。

「先輩の商談に同行」は
どうすればよいのか?

オンライン上で効果的に経験を積ませる秘訣

CASE

OJTトレーナーを担当しています。オンラインでの商談に同席させているのですが、感想を聞いても「勉強になりました」などと言うだけで何を得たのかが伝わってこないので、どうフィードバックしていいのかわかりません。

（営業・係長・30歳）

○ どこを見て、何を学んでほしいのか事前に伝える

仕事の内容をしっかり理解してもらったところで、自分の仕事に同席させて、その内容を見せるという段階に入ります。元帥海軍大将・山本五十六に「やってみせ、言って聞かせて、させてみて、誉めてやらねば、人は動かじ」という名言が残っていますが、まさに最初の「やってみせ」のところです。テレワーク以前は会議やプレゼンに同席させたり、客先に同行させたりということでしたが、テレワークではこれがオンラインになるだけで、基本的には変わりません。

これはテレワークでなくても同じですが、ただ漠然と見せたところで何もわかってもらえないので、**指導者は「どこを見て、何を学んでほしいのか」を事前にきちんと伝えなければなりません。**

リアルの商談であれば、出かける前や行き帰りの電車の中などで、そのあたりを話すこともできたでしょうが、オンラインではそれがないので、その日の目的を事前に説明しておくことが大事です。**どのようにしてその企業とつながったのかという経緯、何をセールスしているのかという内容、これが**

何度目の交渉なのか、初めて全体的な説明をする段階なのか、契約をクロージングする段階なのか、そういったことも伝えておきましょう。商談の段階によって、新人に学んでほしい点も変わってくるはずです。

　終了後は、必ず振り返りの場を設けてください。よく「さすがですね！」「すごかったです！」などという感想で終わる新人がいますが、これは見るべきところを見ていなかった証拠です。褒められて喜んでいる場合ではありません。何を、なぜすごいと思ったのかをきちんと言語化させましょう。また、**「あの場面で私はこうしたけれど、君ならどうする？」などと、考えさせることも大事**です。何度か繰り返しているうちに、新人であっても、受け身にならず「自分ならどうするか」を考えながら同席するようになるはずです。

○ 仕事を任せる前に欠かせないこと

「1万時間の法則」という言葉が一時期注目を集めました。「何らかの分野で一流になろうと思ったら、1万時間の訓練が必要である」という主旨でしたが、賛否両論が飛び交ったようです。反対した人の意見は「とくに初学者は何を学び、何を理解すればよいのかがわからない。ただ漠然と1万時間の努力をしたところで、進歩しない」というものでした。私もその通りだと思います。

　仕事に関して言えば**「この仕事の手順はこうで、その通りにすると、いつまでにどのような成果物が出来上がり、それは社内のこのような位置付けのプロジェクトにおいてこのような役に立つ」**という全体像を最初に理解してもらわなければいけません。そして、丁寧に手順を教え、さらにその手順の中にあるポイントをしっかりと伝えることが必要です。そうしなければ、一生懸命頑張るけれど勘所が間違っていて成果が上がらない、という事態が起こりかねません。

　どのような説明をしながら仕事を渡すのがよいのかということは、第5章でお話ししたとおりです。テレワークでは今まで以上に仕事を頼むときに説明が求められますが、とくに新人に仕事を渡すときは注意してください。マ

ネージャー世代は「自分で周囲を見て、自分で気付きなさい」というスタンスかもしれませんが、先ほどもお話しした通り、いまの若手は手取り足取り指導されながら育ってきています。さまざまな物事の意義付けも、親や学校からしてもらってきています。まずは指導者から話し、少しずつ自分で気付けるように育てていくしかありません。

○ 仕事をさせたら、日報でフィードバック

　OJTの期間中は、信頼関係を築くためにも日報を書かせ、トレーナーが欠かさずフィードバックするようにしましょう。オープンにして、担当トレーナーだけでなく、チームメンバーや直属の上司などの目に触れるようにしておくことも大事です。トレーナー以外の人からのコメントも書き込めるようにしておくと、新人のモチベーションアップにもつながります。

　日報に書いてもらうことは、以下のようなことです。

・その日にした仕事
・うまくいったことと、その理由
・うまくいかなかったことと、その理由
・気付いたこと、考えたこと、これから活かしたいこと

　大切なのは、自分のしたことだけでなく、それに関して振り返った結果、気付いたことを書いておくということです。これは必ず次に生きます。第2章で良いマネージャーは「メタ認知力」をもっているというお話をしました。このメタ認知力を上げるための方法が「その日の行動を振り返る」というものでしたが、これを新人時代から習慣づけられたら、大きな強みになります。

　トレーナーは、日報を見れば新人の理解度がわかるかと思います。「この程度のことしか感じていないのか」と失望することもあるでしょう。そのときには、1on1の場を設けるなどして、深い理解に至るように話し合ってみることも必要です。

対面せずに注意したり叱ったりするには？

オンラインで叱る時の6つの鉄則

CASE

テレワーク中の部下が営業先の部長に対して失礼な発言をしたことが発覚し、かっとなってしまいました。すぐに電話をして叱ったのですが、そのときの発言にハラスメントがあったと指摘され、後々大きな問題になってしまいました。かなり感情的になっていたので、自分が何を言ったのかよく覚えていません。

（営業・部長・58歳）

○ 叱るときの6つの鉄則

テレワークになっても、「叱り方」は根本的に変わりません。大事なのは以下のことです。

・大勢の前で叱らないこと

複数が参加しているオンライン会議で個人を叱ると、必要以上にメンバー全体に影響を与えてしまいます。対面であっても叱るときは人前ではなく1対1でと決めているマネージャーは多かったと思いますが、テレワークという心理的安全性が下がりやすい状況だとさらに意識する必要があるでしょう。

・事実をベースに叱る理由を明らかにすること

何がどう悪かったのか、叱られる方がわからなければ意味がないどころか、信頼関係が崩れてしまいます。たとえば就業規則に違反したのであれば規則や処罰を見せながら、客先に送ったメールに無礼があったのであ

れば、そのメールの文面をZoomの画面共有ツールなどで映し出して、同じものを見ながら指摘します。

・「結果が出なかった」ということを叱らないこと

こちらも対面時代と同じですが、結果だけを見て叱るとチーム全体にチャレンジを避けようとする空気が生まれてしまいます。とくに、少ない情報から周囲の動きを探るしかないテレワーク下では、こうしたことにみんなが必要以上に反応しがちです。プロセスを細かく見て、頑張ったところは褒めつつ、ミスにつながった原因を指摘するように意識してください。

・タイミングを逸しないこと

時間がたってから叱ると本人にきちんと理解してもらえなかったり、すでに間違った認識の上で次の作業が進んでしまっていたり、または昔のことを掘り返しているようで悪印象を与えてしまったり……と良いことはありません。一番効果が高いのは、ミスなどが発覚したその場で指摘することです。

・端的に指摘すること

長々お説教をすると叱る側もつい感情的になり、言わなくてもいいことまで言ってしまうことがあります。感情を交えず、必要なことだけを伝える、と決めてから臨んでください。

・改善策を話し合うこと

本人の行動を整理し、なぜこのような事態が生じたのかを分析し、二度とこのようなことが起きないようにするにはどうしたらよいのかを考えさせます。ここは「叱る」とはモードを変えて、建設的な話し合いをすることが大切です。

○ 叱るときは、リアルで対面すべき?

「叱るときは直接顔を見て」というのはこれまでよく言われてきたことで、実際に会えるのであれば、会って叱る方がいいでしょう。何度もお話ししてきたように、人と人とのコミュニケーションには、声音や表情、全身から漂う雰囲気などの非言語情報が大きな役割を果たしています。

叱られる側の反省の度合い、落ち込みの度合いも、叱る側の気迫や気づかいも、そのほとんどは非言語情報に込められています。**言葉にならない思いを伝え合うという意味では、深刻な案件ほど「会って話す方がいい」**ということになります。

けれども、テレワークだとそもそも部下が遠方に住んでいるケースなどもあり、そう簡単にはいきません。近日中に直接会う予定があるのならそのときを待てばよいのですが、1ヶ月後になってしまうなどという場合は、会うことにこだわらず、タイミングの方を優先してオンラインで叱ってください。

オンラインで叱る場合、せめてメールや電話ではなく、顔が見えるウェブ会議ツールを使うべきだと思います。少なくとも、どんな表情をしているのかが見えるので、部下の理解度を表情からくみ取ることができるからです。

私は以前、電話で部下を叱ったことがあるのですが、声からは反省しているように感じられなかったので、ついついヒートアップしてきつく叱ってしまいました。あとで周囲に聞いたところ、本人は非常に落ち込んでいて、私に叱られたことが追い打ちをかける形になったそうです。顔を見て叱っていればそんなことにはならなかったのに、と反省したことを覚えています。

○ 自分の感情が落ち着くまで待つ

タイミングを逸することなく叱るのがベストとはいえ、**自分の感情が落ち着くまでの時間だけは必ずキープしてください。**勢いに任せて叱りつけ「なんでできないんだ!」「なんでこんなことになったんだ!」と怒鳴りつけても、

相手の心には届きません。人間性を否定するなど一線を越えた発言をしてしまえば、ハラスメントとして訴えられることもあり得ます。

　誰しも一度は経験していることかと思いますが、相手からきたメールなども、自分の感情が乱れているとまったく違った意味に受け取ってしまうことがあります。**感情の奴隷になって動き出してしまうと、取り返しがつかないということは肝に銘じておきましょう。**

　そして、どんなに強い怒りの感情だとしても、怒りのピークは長くて6秒といわれています。ですから、強い怒りの感情が湧いたら、まず最初の6秒を待ってみましょう。

　またその間に、怒りに点数をつけたり、頭の中で数を数えたり、その場から離れてスポーツのようにタイムをとったり、深呼吸をしたりすると、怒りに任せた行動を防ぐことができるようになります（＊8）。

○　大事なのは叱った後のフォロー

　叱った後に、すっかり忘れてしまうマネージャーもいますが、必ずフォローしてください。部下は上司が想像している以上に傷ついていることもあり、フォローしないことで信頼関係が崩れてしまうこともあり得ます。

　その場で、**改善策、防止策を話し合って決めるはずなので、その後、きちんと実行できているのかどうか、できていたら褒めてあげる**ことも大切です。顔が見えず、落ち込んでいるのかどうかすらわからないテレワーク下では、なおさら、叱った側から声をかけてあげることが必要です。

第 8 章

目標管理と
人事評価

テレワーカーの大きな不安となっている
正当に人事評価されるかという問題。
「頑張り」や「努力」が見えないなかで、
評価の仕方はどう変わるのか?
単純な成果主義に陥らない、
新しい目標管理と人事評価の仕組みを考えます。

テレワーク下での「評価」は
何を判断材料にするのか?

CASE

テレワークを導入してから、評価が難しくなったと感じています。これまでは「彼は取り組みが前向きだ」とか「彼女は仕事の進め方が丁寧だな」など様子を見ながら評価をつけていたのですが、いまはあがってくる成果物を見るしかなく、圧倒的に評価材料が不足しているような気がします。

(広報・課長・36歳)

〇 評価について混乱する現場

テレワークが導入され、お互いに顔が見えなくなったことから生じる不便さ、不自由さ、不安感、孤独感についてここまでお話しして来ましたが、人事評価についても多くの企業で混乱が生じているかと思います。テレワーク導入は、改めて評価のあり方を考えてみる良い機会なのかもしれません。

〇 日本企業は、テレワーク以前から人事評価が苦手

そもそも、テレワーク導入前は正しく人事評価ができていたのでしょうか? 私は、日本の企業は評価が苦手だと思っています。なぜなら、日本は説明責任というものがあまり重視されておらず、**マネージャーが部下に仕事を渡す際に仕事をきちんと定義しない傾向がある**からです。

トップダウンで下りてきた仕事を、意義もわからないまま部下にパスする、部下から「なぜこの作業をするのか?」と聞かれれば"口答えをされた"

と見なし、「いいからやっとけ！」と突き放すなど、テレワーク以前から仕事の渡し方において問題のあるマネージャーについてはあちこちで耳にしてきました。

第5章で"仕事は渡すときに9割が決まる"というお話をしました。その仕事の意義、達成させたい目標やアウトプットのイメージ、クオリティ、期限などをきちんと部下に伝えていなければ、当然ながら上司の望む成果物はあがってきません。先々の展望もなく、渡された仕事を漠然とこなすしかない部下もでてくることでしょう。

それは部下だけの責任ではなく、きちんと仕事を定義せずに渡すマネージャーの責任でもあります。

このような仕事の渡し方をしておきながら、あがってきた成果物の到達度から公正な人事評価をしようとしても不可能です。結局は、年功序列に頼ったり、逆にノルマの達成度のみで計ったり、部下にとって納得度の低い評価に陥りがちなのは、そういった**"仕事の定義ができていない"**ことが**原因のひとつ**なのです。

◯ 目標管理にも、"仕事の定義"が重要

仕事を定義していくことは、個々の目標管理にも大きく関わってきます。なぜなら仕事にはさまざまなフェーズがあり、各フェーズにおいて達成させなければならない目標があるからです。**この目標を上司と部下できちんと共有していくことが、目標の達成にも、組織と個人双方の成長にも、その先にある人事評価にもつながってくる**のです。

とくに再三お話ししてきたように、テレワークでは部下の仕事の進捗状況が見えづらくなります。成果だけを見てプロセスを見る努力をしなければ、納得度の高い評価ができないケースが多々出てくることでしょう。そこで、私としては、やはりテレワークの導入を機に、評価方法を考え直す必要があると思っています。

一言でいうと、**これまで日常の業務から切り離しがちだった評価を、より**

日常業務に引き戻すのです。

　図表8-1は、テレワーカーの「評価不安」を抑制するマネジメント行動を検証した結果です。12項目のマネジメント行動の中で、「数字に現れない価値やプロセスの評価」が、評価不安を有意に抑制していました。

　まさに、これからは成果物や数値化できる成果だけでなく、**プロセスをしっかりと見るということが、部下の心理的安全性や組織エンゲージメントをあげていくためにも、より重要になってくる**でしょう。プロセスを見ていくためのマネジメント手法については、次項で詳しく説明します。

評価不安を抑制するマネジメント行動

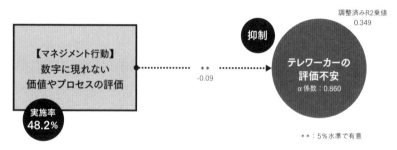

＊12項目のマネジメント行動は以下です。
・上司からは、新しいスキル・知識を必要とする仕事を与えられている
・上司は、適宜業務量を調整してくれる
・上司からは、感謝やねぎらいの言葉をかけられている
・上司は、困ったときにサポートしてくれる
・上司は、判断や指示に一貫性がある
・日々の業務の目指す結果・成果のイメージは上司と共有できている
・上司からの自分の評価には十分な説明がなされている
・上司は、仕事の振り返りの機会を与えてくれる
・上司は、ある程度の指示をしたら、やり方は部下に任せる
・上司は、数字に現れない価値やプロセスを見てくれる
・上司は、効率的に働く人を高く評価する
・上司は、上司自身のプライベートを大切にしている

図表8-1（「不安感・孤独感調査」より）

「KGI」、「KPI」、「MBO」は テレワーク下でも有効か?

日本企業で主に使われてきた評価のための目標管理とは

CASE

これまでは1年に1回KGIを設定していましたが、コロナ禍で状況が次々と変わったことでうまく機能しなくなり、なし崩し的に目標が曖昧なままマネジメントせざるを得ない状況が続いています。また、これまで部下にはトップダウン型マネジメントでKPIを死守させてきたのですが、テレワークになって個々の状況が見えなくなったので部下に強く指示しづらく、かといって部下から自由な声があがってくる社風でもないので困っています。

（営業・部長・52歳）

⭕ 目標を軸にした人事評価制度

　仕事における目標を設定して上司部下間で共有し、その達成を目指しながら社員ひとりひとりの成長を促し、組織全体の成長につなげていくマネジメント手法はいくつかあり、日本では以前から**多くの企業がKGI（Key Goal Indicator）、KPI（Key Performance Indicator）、MBO（Management by Objectives）**などを導入していました。

　その背景としては、高度経済成長が終焉を迎え、決められた時間をデスクの前で過ごしながら上司の言うことさえ聞いていれば"終身雇用・年功序列"で先々安泰だという社員の集まりでは太刀打ちできない社会状況に突入し、成果主義が導入され始めたことがあげられるでしょう。組織も個人も高い目標に向かってチャレンジし、定量的な成果を求められるようになったのです。

　そもそもこうした目標を軸にしたマネジメント手法は、人事評価のために

編み出されたものではありません。あくまでも、個人と組織の成長が目的です。けれども、目標に対する到達度を計るという観点から、人事評価にも応用されてきました。これまで実際、どのようなものが使われてきたのかおさらいし、またテレワークという環境下ではどのような手法が望ましいのか、考えていきましょう。

○ パワーマネジメントとセットになりがちなKGI、KPI

この手法は、営業成績や売上など定量測定できる最終的な目標（KGI＝重要目標達成指標）を半期〜1年単位で設定し、その目標をクリアするために定量的な中間指標（KPI＝重要業績評価指標）をいくつか設定して、その到達度を計るものです。また、KPIの下には、それを達成するための要因（KFS＝重要成功要因）があると考えます。

たとえば、今期の売上高の目標値（KGI）を決めて、その目標を達成させるために、訪問件数は月何件、受注件数はそのうち何件、といった個人の目標（KPI）を決めるのです。**大きな目標に漠然と向かうのではなく、**

KGIとKPI

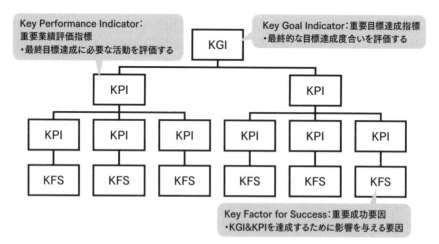

図表8-2

中間目標をひとつひとつ達成させていく、という意味で効率の良いシステムだといえるでしょう。

ただ、デメリットとして"100％達成"を前提に目標を設定するので、最初から"達成可能な目標"を設定しがちでチャレンジングな発想が生まれにくかったり、上司はその目標を達成させるためにトップダウン型のパワーマネジメントをしがちだったり、といったことがあげられます。**営業組織など成果のわかりやすい部署や、既存のビジネスを安定させていくことを求めている部署などでは使いやすい手法**ですが、常時新しいアイデアを出していくことを求められる企画や開発関連の部署や、定量的な目標を掲げづらい管理部門ではデメリットの方が大きくなってしまうかもしれません。

また、**半期〜1年単位で目標を設定するというのは、コロナ禍のように変化の激しい時代には少しのんびりしすぎ**だと言わざるを得ません。KGI、KPI を使い続けるのであれば、目標設定のスパンの変更や見直しのタイミングの設定などの工夫が必要でしょう。

○ 誤解のもとで運用されがちだったMBO

MBO は経営学者であるピーター・ドラッカーが著書『現代の経営』(＊9)のなかで提唱したマネジメント手法で、日本語では「目標管理制度」と訳されます。半年〜1年に一度目標を設定して期日を迎えたときに到達度を測定すること、目標は100％達成を求められることなど、KPIと似ていると言えるでしょう。多くの企業で個人の目標を組織が管理し、その結果を人事評価に反映させるために導入されてきました。

しかし、ここには誤解があります。MBOの正式名称はManagement by Objectivesのあとに「and Self Control」という一言がついており、ドラッカーの理想は**「決して上司に管理されるのではなく、社員が自発的**

に動くこと」「自分の立てた目標に対してどう動いたのかを自分で振り返ること」にありました。けれども日本では、「上位層で決まった目標を各個人へと下ろし、その目標に対する到達度を人事評価の基準とする制度」だという解釈をしたのです。そうした意味で、上司と部下双方が納得した上で、MBOをうまく機能させている会社は少ないのではないかと思います。

　こちらもKGI、KPI同様に、もっと短いサイクルで目標を設定し直していかなければ、変化の激しい時代には対応できないでしょう。

理想的なMBOのイメージ図

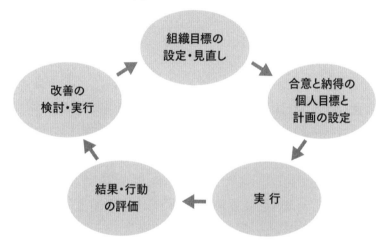

図表8-3

003 GoogleやFacebookが導入する「OKR」とは?

「OKR」がテレワーク下のマネジメントに適している理由

CASE

テレワーク化が進んでから部下が全体的に消極的になり、かつてのようにイノベーティブな提案をしてくることがなくなりました。顔が見えなくなったことで心理的安全性が下がって、守りに入っているのかもしれません。マネジメントはMBOですが、思い切ってチャレンジする企業文化を前面に押し出すにはOKRに変える方がいいのではないかと思案中です。

（マーケティング・部長・55歳）

○ テレワークにふさわしいのは「OKR」?

　米インテルが1970年代に開発し、昨今ではGoogle社やFacebook社が導入したことで話題になっている人材マネジメント手法がOKR（Objectives and Key Results）です。これも、目標管理方法であるという点ではKGI、KPI、MBOと似ているのですが、似て非なる点も多々あり、テレワークという環境にもっともふさわしいものだと私は考えています。

○ 「O」は定性的で、チャレンジングな目標に

　OKR、KGI&KPI、MBOの違いをまとめたものが図表8-4です。OKRでは、最終的に達成させたい目標を「O = Objectives」とし、これに対して「O」を達成させるための中間指標を「KR = Key Results」と呼びます。「KR」をひとつひとつ達成していくことで「O」に至るという建て付けは「KPI」と混同されがちですが、もっとも大きな違いは、**「O」が定**

OKRとKPI,MBOの比較

	OKR	KGI&KPI	MBO
名称	Objectives and Key Results	Key Goal Indicator Key Performance Indicator	Management by Objectives and Self-Control
目的	・目標達成までのプロセスの管理やチーム力や生産性の向上	・最終的目標の達成度合いと現在の進捗状況のチェック	・個人目標の達成度合いの確認と自己成長に対する課題の確認 ・人事考課（報酬を決定するための評価）
目標の共有範囲	全関係者	部署、プロジェクト、チーム単位	本人と上司
目標の達成率	コミットメントOKR：100％ 野心的OKR：70％	100％	人事考課に活用される場合 100％
レビュー頻度	1ヶ月〜四半期に1回 ※1on1で活用する場合は、1週間〜	逐次	年2回もしくは4回

図表8-4

OKRのイメージ図

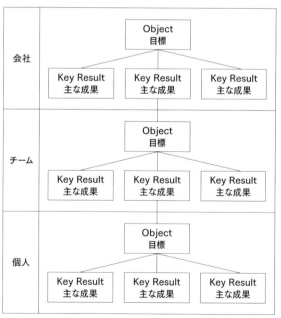

OKRには2種類あり、それぞれのO（Object）の特徴は以下の通り

野心的（ムーンショット）OKR

・実現したい世界を描くもの
・達成するのにどれほどのリソースが必要か不明でもよい
・チームの業務遂行能力を超える設定とする

コミットメントOKR

・組織として必ず達成すると決めた目標が対象
・確実に達成するようにスケジュールやリソースが調整される

図表8-5

量的ではなく定性的であることです。また、OKRには2種類あり、100％達成できないことを前提にした「ムーンショット（"月に届くほどのショット"ということで、達成不可能かもしれない非常にチャレンジングな目標）」を目標とした「野心的OKR」と、組織として必ず達成すると決めた目標が対象の「コミットメントOKR」があります。

　こういった点から、OKRは予定通りの成果ではなく、イノベーションを求める企業に向いているといえるでしょう。

　また図表8-5のように、「O」と「KR」は企業における3つの階層（会社、チーム、個人）でそれぞれ設定し、つねに全員で共有します。

　なぜOKRがテレワークに向いているのかといえば、お互いに姿が見えなくなったことによって上司と部下の間で方向性のズレが生じたり、組織が求心力を失ったりする恐れのあるなかで、OKRがもっている以下の要素が非常に効果的だからです。

・個人の目的と組織全体の目的を一致させること。
・目標、アウトプットのイメージ、各フェーズですべきこと、所要時間など、すべてを見える化して全員で共有すること。
・守りに入ったり、前例に執着したりすることなく、チャレンジを目指すこと。
・「O」も「KR」も自分自身で決めるので、自ずと組織がトップダウン型ではなくボトムアップ型になること。

○　「O」と「KR」の効果的な決め方

　OKRをきちんと機能させるためには、「O」と「KR」を効果的に設定することが必要です。そのポイントをお伝えしましょう。

・O＝Objectives

「O」は達成すべき目標ですが、"なりたい姿"に近づくためのビジョンとして捉えてもよいでしょう。かといって、あまりに抽象的なものを設定してしまうと、どのようにして「KR」を設定すればよいのかわからなくなってしまい

ます。ある程度の客観性や、達成までの期限が明確であることも必要です。

　先ほど"ムーンショット"でも構わないとお伝えしましたが、具体的には"7割ほどの達成度を予想できるもの"がベストでしょう。100％達成を目指すと、KPIのように目標を低く設定する傾向が出てきたり、達成の難しさから逆にモチベーションが下がってしまったりしがちです。

　「O」はまず会社全体のものを上位層で話し合って設定します。その内容を見て各チームで決め、その決定を見て個人が決めます。**より上位の「O」を個人の目標の前提とすることで、会社の方向性と個人の方向性がズレるということがなくなります。**

・KR ＝ Key Results

　「KR」は中間指標的な目標であると同時に、進行管理的な意味合いも含んでいます。第5章でお話した「仕事の分解（WBS）」をもう少し長いスパンで考えたもの、と認識してもいいでしょう。

　「O」が定性的な目標であるのに対して、「KR」は達成しているかどうかを随時振り返る必要があるため、定量的な目標であることが大切です。目標となる数値や期限を明確にしましょう。「KR」の数は、ひとつの「O」に対して2〜3つであることが一般的です。「KR」が達成されたときに「O」の状態になっていることを意識して設定しましょう。

　具体的な例をあげておきましょう。

＜OKRを使った目標管理の例＞

OKRの例①

O＝ブランドのコアなファンを増やす

KR＝○月の○○フェアに新商品を出す

KR＝○月末までにネットユーザーに対するフォローアップシステムを導
　　　入する

KR＝○月末までにリピート率○％を達成させる

OKRの例②

O＝ブランド認知を確立させたい

KR＝○月中に新たなロゴとキャッチコピーを決定する

KR＝○月末までにメディア露出を30％アップさせる

KR＝○月末までにダイレクトトラフィックを20％、リファーラルトラ
　　フィックを30％アップさせる

◯ OKRを機能させるコツは“共有”と“1on1”

各チームや各個人のOKRは“見える化”し、全員で共有していきます。
理由は先ほどお話しした通り、会社、チーム、個人それぞれのOKRがズ
レないようにするためです。

とりわけコロナ禍のように社会情勢がつねに激変している状況において
は、**組織は四半期の終了を待たずとも、臨機応変に「O」を変更するこ
とが大切**です。組織の「O」が変わると、当然社員の「O」や「KR」も
変わってくるでしょう。「組織が変わりつつあるいま、自分に求められている
ことが何なのか」「自分のOKRが変わることで、誰のOKRに影響を及
ぼすのか」などをそれぞれが把握するためにも、お互いのOKRが見えて
いることは必須なのです。

**お互いのOKRを把握するためには、予算さえ許せば、オンライン上に
シェアシステムをつくるのがベスト**です。常に全員のOKRを見られることで
組織としての一体感をつくりあげるだけでなく、個人のモチベーションをあ
げることにもつながります。

また、OKRを効果的に運用していくためには、上司と部下の1on1が欠
かせません。1on1については4章で詳しくお話しましたが、OKRを導入す
るのであれば1on1の頻度は少なくとも数日に1度とし、KRの定量的な結
果だけでなく、そのプロセスについてもしっかりと対話を重ねていくことが

大切です。成果ばかりに目がいきがちなテレワークだからこそ、プロセスを見ることが欠かせないのです。

　1人の上司が管理する部下の数を減らすべきだというお話は第2章でしましたが、評価という観点からも10〜20人では多過ぎます。4〜5人であれば、頻繁に1on1を設定してもそれほど日常業務を圧迫することはありません。マネージャーは、テレワークになったおかげで削ることのできた通勤時間を部下のために使う、というくらいの気持ちでいましょう。部下にとっても"見てもらえている安心感"から心理的安全性があがるわけですし、双方にとってハッピーな環境になるはずです。

○ OKRから人事評価へ

　売上や営業成績のように**到達度を数値化できないプロセスであっても、ひとつひとつの「KR」を達成すれば「O」に至ることが前提であるため、「KR」の達成は評価の基準になり得ます。**

　1on1や共有スケジューラーで常に部下の進捗状況を確認し、本人の目標どおりにクリアしていれば100点満点、予定よりも効果が出ていたり、スピーディに作業が済んだりしていたら、その分上乗せして評価することもできるでしょう。逆に言えば「一生懸命頑張っているかどうか」などといった抽象的なことを評価基準に加える必要はなく、マイクロマネジメントで常に監視する必要もありません。ただ**「KR」の到達度さえきちんと確認していれば、それが公正な評価につながる**のです。

○ 日常業務と評価をつなげていく

　これまでは人事部主導で3ヶ月〜半年に一度評価していた会社が多かったかと思いますが、それでは日常業務と評価をバラバラにしているために労力がかかる上、評価の内容も納得度の低いものになってしまいます。頻繁に1on1を設定し、その内容を評価につなげていくこと、つまり**部下**

の状況を正確に把握すること、組織としての生産性をあげること、公正な評価をすること、すべてをつなげることができるのがOKRを用いた評価なのです。

○ マネージャーは「結果」で評価される

　ちなみに、マネージャー自身は結果責任があり、本質は、"Doing things through others（他人を通して何事かを行う）"です。どこまでいっても結果で評価されてしまいます。結果が出ないときは、部下と話し合って解決策を探していくことが求められます。

　言い換えれば、マネージャーは自分自身の高評価を確保するためにも、きちんと部下の「KR」を見ながらマネジメントしていく必要があるのです。それが、マネジメントの本質を果たすことになります。

　もはや「いいものをつくれば売れる時代」ではありません。鳴かず飛ばずだったものが芸能人の口コミひとつで大人気商品になることもあれば、今回のコロナ禍のように誰にもコントロールできない事情で目標が達成できなくなってしまうこともあります。

　経済が右肩上がりで、つくれば売れた昭和時代のように「売るぞ、やるぞ、がんばるぞ！」というスローガンでマネジメントしようと思っても生き残れないということを、マネージャーは今一度認識しておく方がいいでしょう。

目に見えない部分を
どう評価するのか？

「OKR」と「コンピテンシー」の導入で解決できる

CASE

飲食店のフランチャイズ展開事業を手がけているのですが、今年はコロナウイルス流行のせいで業界自体が苦境で、どの社員も目標としていた新規開店数に達していません。みんな頑張っているので、どのように評価してよいのかわからず困っています。

（フードプロデュース事業・課長・34歳）

⭕ タイミング次第で変わる成果も、OKRで解決

これはテレワークか否かにかかわらないことですが、完全な成果主義を導入すると結果（数字）だけを見て評価しなければならないことから、目に見えない部分の評価について評価者が葛藤したり、被評価者が不納得感を抱えたりしがちです。

たとえば営業部で社員が目標を達成した場合、それが本人の努力によるケースもあれば、たまたま客先の状況がよかったために達成できたケースもあるでしょう。逆に、客先の業績悪化のせいで、うまくいかないこともあります。**努力とも能力とも関係なく、タイミングによって成果が左右されるケースをどう評価するのか、**マネージャーには常に葛藤がつきまといます。

こうしたケースでも大切なのは「KR」、つまりプロセスをしっかりと見ていくことです。上司が1on1などで、部下の「KR」を随時きちんと確認していれば異変に気づき、「このお客さんはいま状況が悪化しているから、目標を設定し直そう」「ここは諦めて、他社を開拓しよう」などと早い段階で次の戦略を練ることができるのです。このときに結果しか見ていないと、

「どうしてちゃんとやらないんだ！」「契約取るまで帰ってくるな！」と詰め寄ったり、人事評価で低く算定してしまったりするのです。

　とくに、プロセスが見えづらいテレワークで結果にばかりとらわれると、このようなことが起こりがちです。ここで心理的安全性が確保されていると、部下の方から相談をもちかけてくるものですが、そのときに根性論で励まして終わるのでは時代遅れです。きちんと**「KR」を"見える化"してあらかじめ共有しておく**ことで、解決できることはたくさんあります。

○　到達度を計りづらい仕事もOKRをチェック

　数字に表すことが難しい、到達度を計りづらい仕事といえば、総務や経理、人事など間接部門に集中しています。

　たとえば、人事部で実際に起きた事例で「新卒を100人採用するという目標を設定していたのだが、どうしても優秀な人材が95人しかいなくて目標を達成できなかった」というものがありました。応募者のなかに会社が希望する水準を満たす人材がもういない、というのです。これをいろいろな人に聞いてみると「100人という目標を達成しないと自分の評価に響く。だから水準に達していなくても、とりあえずあと5名採用してしまう」という声もありました。その結果、当然のことながら予想できるのは、水準に達していない5人の育成に手間がかかり、現場が混乱するという事態です。彼に対して「たしかに95人しか採用できなかったけれど、君は頑張った、評価するよ」と言えるでしょうか？　その判断は難しいところでしょう。

　また、経理部では「自分が担当しているある作業に割く時間を月30時間削減できるように業務改善する」という目標を決めた人がいました。彼はこの目標を達成させるために、これまで自分でしていたその作業を、現場に担当させるという選択をしたのです。たしかに自分の目の前から仕事がなくなったので、彼の業務改善は成功したように見えました。けれども、そのぶん現場の負担が増えて、会社全体として見ると業務量が増えてしまったのです。ここでもし彼が会社全体の業務を減らすために自分の業務

改善を諦め、たくさんの仕事を引き受けたとしたら、いかがでしょう。ここにも評価の難しさがあるかと思います。

　数字で計ることのできない仕事の評価は以前から非常に難しいもの、永遠の課題だと言われてきました。ましてテレワークによって作業内容が見えづらくなったことで、難易度はさらに増しました。

　こうした仕事にこそOKRがふさわしいのではないかと私は思っています。たとえば、さきほどの人事の例でいうと、まず「O」として「新卒を100人採用する」という目標を設定します。そして次に「応募者を200人集める」「1週間後に応募人数が100人に達していなければ、再度募集広告を打つ」「2週間後に応募人数が150人に達していなければ、採用担当が顔出しをしてオンライン説明会を開催する」などの「KR」を設定するのです。そうすれば、マネージャーは「95人しか採用できなかった」という結果に対してのみ評価するのではなく、「200人の学生を集めるにはどうしたらよいのか」ということについて、早い段階から部下と一緒に試行錯誤することができるのです。これは、OKRを単なる評価方法として使うのではなく、「日常業務のなかで目標を達成させる」という本来の効果を発揮させた良い例だと言えるでしょう。

⭕ 評価は業績だけでなく「コンピテンシー」も考慮

　終章で詳しくお話ししますが、**成果主義はバブルが崩壊して危機感をもったいくつかの企業が1990年代にチャレンジした結果、失敗に終わっています**。業績だけを評価対象にしたことで、失敗を恐れてチャレンジする社員が減ったこと、チームワークが崩壊したこと、目に見えない部分が軽視されたことから不満が生まれたこと、たまたま売上の高い部署に所属している社員が高く評価されるようになり不公平感が噴出したこと……など、目に見える部分だけを評価することによる弊害が予想以上に出たのです。

　こうした成果主義の弱点を補う概念として、1970年代のアメリカで「コンピテンシー」という言葉が注目を集めました。ハーバード大学で心理学を

研究するマクレランド教授が提唱した心理学用語であり、**日本語では「高い成果を出す人に共通する行動特性」と訳されています。**

　同じ仕事をしても人によって成果は異なるものであり、その違いを生み出すのは知能や学歴ではなくて"コンピテンシー"であることが研究で明らかになったことから、ビジネスの世界で使われるようになりました。

　では、「高い成果を出す人たちに共通している行動」とは何でしょうか？マクレランド教授の弟子であるスペンサー夫妻は図表8-6のように提示しています。

　このコンピテンシーを業績とセットにして評価の基準とするのが、現在の成果主義です。人事考課の軸が以下のような2軸になっている、と考えるとわかりやすいでしょう。

・業績考課…成果や業績など数字で計れるもの
・コンピテンシー…成果に至るまでの行動

　どのようなコンピテンシーをモデルとするのかは、組織によっても異なります。評価制度のなかで明示してい

Spencer&Spencerのコンピテンシーモデル

領　域	項　目
達成と アクション	達成重視
	秩序、クオリティー、正確性への関心
	イニシアティブ
	情報探求
支援と 人的サービス	対人関係理解
	顧客サービス重視
インパクトと 影響力	インパクトと影響力
	組織の理解
	関係の構築
マネジメント・ コンピテンシー	他者育成
	指揮命令（自己表現力と地位に伴うパワーの活用）
	チームワークと協調
	チーム・リーダーシップ
認知 コンピテンシー	分析的思考
	概念化思考
	技術的／専門的／マネジメント専門能力
個人の効果性	セルフ・コントロール
	自己確信
	柔軟性
	組織へのコミットメント

図表8-6　『コンピテンシー・マネジメントの展開』(＊10)を参考に作成

る企業もあれば、コンピテンシーという言葉を使わず"バリュー"や"行動指針"などという言葉で表している企業もあります。いずれにせよ**「企業が大切にしている経営理念に紐付けられた行動」**と理解すれば間違いありません。

　テレワークが導入されたことによって上司と部下がお互いに見えづらくなるなか、コンピテンシーについて社内で改めて考えることは非常に意味のあることでしょう。コンピテンシーとOKRをきちんと設定することが日常のマネジメントを、そしてそこからつながる評価を、的確で公平なものにしていくのです。

○ 職種別・テレワーク下で最適なマネジメント手法

　ここまでさまざまな目標管理と評価の方法についてお話ししてきました。それぞれの方法に優劣があるわけではなく、職種によって向き不向きがあるということはおわかりいただけたかと思います。また、仕事の内容によっても使い分けが必要です。

職種と最適な目標管理手法

職　種	目標管理手法	特　徴
営業職	KGI＆KPI	・最終目標と重要活動の目標を数値化しやすい ・結果を数値データで集積しやすい ・ギャップを数値で把握しやすく、分析がしやすい
企画職	OKR	・目標を数値化しにくい ・結果を数値データで集積しにくい ・業務特性から目標が短期間で変わることがある
エンジニア職	KPI＆OKR	・目標を数値化できる部分としにくい部分がある ・結果を数値データで集積しやすいものとしにくいものがある ・業務特性から目標が短期間で変わることがある
マーケティング職	KPI＆OKR	・目標を数値化できる部分としにくい部分がある ・結果を数値データで集積しやすいものとしにくいものがある ・業務特性から目標が短期間で変わることがある
本社スタッフ職	OKR	・目標を数値化しにくい ・結果を数値データで集積しにくい ・業務特性から目標が短期間で変わることがある

図表8-7

評価バイアスに
惑わされないようにするには?

意識しておけば、バイアスに左右されるのを防げる

CASE

テレワークが始まってからチームに参加した部下が2人います。実際に顔をつきあわせて仕事をしたことがないせいか「あの人は前の会社をすぐに辞めたそうだから、いい加減なのではないか?」「あの人はオンラインツールに詳しいから、何でもできるのではないか?」などと、ついつい色眼鏡で見てしまいがちです。このような状態できちんと評価ができるのか、不安です。

（マーケティング・課長・40歳）

○ 正確な評価を妨げる"評価バイアス"

マネージャーも人間である以上は部下に対して、ウマが合ったり合わなかったり、個人的に好感をもったりもたなかったりと、さまざまな感情があるものです。当然のことながら、評価はそうした個人的な感情を乗り越えて公平・公正でなければなりませんが、気付くとバイアスがかかっていることは多々あります。こうした**「評価バイアス」はテレワークか否かにかかわらず気を付けなければなりませんが、テレワークによって相手の姿が見えなくなったことで、これまで以上に気を配る必要がある**と言えるでしょう。

代表的な評価バイアスは以下のようなものです。**バイアスがかかることがあると意識しておくだけでも、バイアスに左右されることは少なくなる**でしょう。

・ハロー効果

「ハロー」とは、聖人などの背景に描かれている後光のことです。この後

光があることで、描かれた人物は無条件で"威厳のある人"だと認識されます。この後光にちなんで「高学歴だとそれだけで能力が高いと思われる」「話が上手だというだけで、すべてにおいて要領が良いと思われる」というように、特定の優れた点に目を奪われて、すべてが優れているという評価をしてしまうことを指しています。

・期末評価

人は最近の出来事ほどよく覚えているものです。期末が近づいた時期に大きな成果を出すと、それ以前の評価がイマイチだったとしても、高い評価をしがちです。期末にまとめて評価をするのではなく、日頃から細かくチェックすることで、このバイアスを防ぐことができるでしょう。

・寛大化傾向

評価の平均値が高評価に偏ってしまうことを指します。部下に嫌われたくない上司、自分の部署の評価を全体的に上げたいと思っている上司がこのような評価をしがちですが、それ以前に部下の業績をきちんと理解できていないことが原因にあります。

・厳格化傾向

全体的に厳しく評価することを指します。上司自身が業務に精通していたり、高い能力をもっていたりするケースが多く、そのような"デキる自分"と部下を比較してしまっていることが原因のひとつに考えられます。

・中心化（平均化）傾向

誰に対しても同じような"中程度"の評価を下すことを指します。年功序列をよしとする企業では、個々人に大きな差をつけずに中心化する傾向があります。また、評価者が部下について、またはその分野について詳しくないので、はっきりとした評価を下すことに自信がないというケースもあります。

・極端化（分散化）傾向

中心化傾向とは逆に、中央値に固まらないようにと配慮した結果、極端にばらつきのある評価になってしまうこともあります。

・論理的誤差

事実をきちんと確認せずに"推論"によって評価してしまうことをいいます。たとえば「体育会系なので、上司の言うことを聞くだろう」「長男だからしっかりしているだろう」などという関連づけも論理的誤差です。

・対比誤差

「自分はこれが苦手だが、彼はここをうまくやっている。これはすごいことだ」「自分が若い頃はこれくらいできたのに、彼にはできない」などと、評価者の能力や価値観と比較して、過大・過小な評価を下してしまうことを指します。

・逆算化傾向

たとえば100点が満点だとすると「100点はもっと完璧な社員にあげるものだ。この人は80点にしておこう」などと総合点を最初に決めて、そこに向けてつじつまが合うように各項目の点数を決めていくことをいいます。

⚪ バイアスのかからない評価をするために

「評価バイアス」がかかったり、社内の政治的配慮に巻き込まれたり……といった評価の問題はこれまでにもありました。

それに加えて、テレワークが導入されたことによって、OKRなどが機能していない企業では上司が部下のプロセスをきちんと見られず、さらに、評価の問題が大きくなる可能性も出てきました。そのような事態を避け、評価の公平性、透明性を確保するためには「360度評価」という手法を取り

入れるのもひとつの手です。**通常は、管理職の評価に使う手法ですが、これを一般社員にも適用していくことを提案しています。**

　これまでは、評価といえば"上司から部下へ"という一方向的なものでしたが、360度評価では上司だけでなく、同僚や部下から見える姿、自己イメージも重ね合わせて1人の人物を評価していくのです。評価材料が減っているテレワーク下では、このように評価材料をより豊富に集められる手法はもっと注目されてもよいのかもしれません。社員のモチベーションアップにもつながるでしょう。

360度評価のイメージ

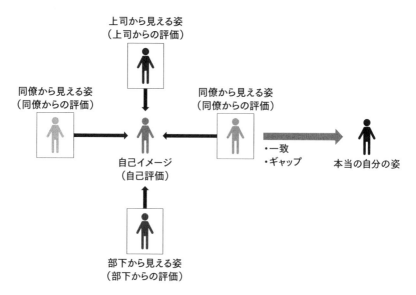

図表8-8

テレワークが
ジョブ型雇用を
加速させる

新型コロナウイルス対策のために期せずして始まったテレワーク。
この働き方の転換が、メンバーシップ型雇用から
ジョブ型雇用への移行を加速させる可能性があります。
テレワークが、日本の労働市場に与える影響について、
マクロな視点で論じます。

雇用の形を変えなければ、
もう生き残れない

◯ 終身雇用・年功序列は限界に

2020年は新型コロナウイルスの流行を受けて多くの企業がテレワークを導入したことと並行して、富士通、日立製作所、KDDI、資生堂などいくつかの企業が、従来のメンバーシップ型（職能型）雇用からジョブ型（職務型）雇用への移行を加速させたことが大きな話題になりました。

ジョブ型雇用といえば、1990年代前半に成果主義を取り入れた富士通などが導入を目指して失敗に終わったことを記憶している方もたくさんいらっしゃることでしょう。けれども、ジョブ型待望論はそこで立ち消えたわけではありません。

中西宏明経団連会長が2018年に「終身雇用や一括採用を中心とした教育訓練などは、企業の採用と人材育成の方針からみて成り立たなくなってきた」（9月3日定例記者会見にて）、翌2019年に「終身雇用を前提に企業運営、事業活動を考えることには限界がきている」（5月7日定例記者会見にて）と発言するなど、終身雇用や一括採用を前提とするメンバーシップ型雇用は新型コロナウイルス流行以前の段階で明らかに大きく揺らいでいました。

2020年には、経団連からメンバーシップ型とジョブ型の組み合わせの提起もなされ、これを機にいくつかの企業が舵を切ったというのが現状です。

時代は、VUCA（ブーカ）という言葉で表せられるように **Volatility（変動性・不安定さ）**、**Uncertainty（不確実性・不確定さ）**、**Complexity（複雑性）**、**Ambiguity（曖昧性・不明確さ）** が、これまでになく増してきています。そして、グローバル競争は熾烈を極め、イノベーションが求められ、ＤＸ（デジタル

トランスフォーメーション）が必須になっています。

　この環境下でグローバル競争に打ち勝つために成果を出せる人材をグローバルでいかに獲得し、専門性に基づくコミュニケーションとコラボレーションで組織を活性化させていくのか、そして終身雇用・年功序列で高止まりとなる人件費をいかに軽減していくのか。現在、人事・雇用改革は待ったなしの状況です。

　ジョブ型への移行はこうした課題を解決するための戦略ですが、テレワーク化が最後の一押しになったのではないかと私は思っています。

○ そもそもメンバーシップ型とジョブ型の違いとは？

　日本の企業には長年、メンバーシップ型雇用が根付いていました。これは、職務も勤務地も限定せずに新卒を無限定社員として一括採用し、ジョブローテーションを繰り返しながら長きにわたって会社を支えていく"ゼネラリスト"を育てる雇用方法で、"就職"というよりは"就社"です。「人に仕事をつける」と言い換えることもできるでしょう。

　会社ありきの考え方なので社風への適合性が重視され、スキルや入社の経緯にかかわらず、年功序列で高い職位まで上り詰めていくことが可能です。

　それに対して、欧米で主流であるジョブ型雇用は職種を限定し、その内容に応じたスキルと経験をもっているスペシャリストを採用することです。

　職務記述書（ジョブディスクリプション）に記載されていない仕事をさせることは基本的にないので、ジョブローテーションは行いません。

「仕事に人をつける」と考えるとわかりやすいでしょう。こちらは会社ありきではなく仕事ありきなので、ひとりひとりの責任と裁量の範囲が大きくなり、成果が重視されます。

ジョブ型雇用とメンバーシップ型雇用の違い

	ジョブ型	メンバーシップ型
特　徴	ダイバーシティ	減私奉公
仕事のアサイン	・仕事に対して人を当てる	・人に対して仕事を当てる
仕事の範囲	・職務記述書(ジョブディスクリプション)により職務内容を明確に定義 ・限定的で専門的	・労働時間や勤務地、職務内容は無限定
評　価	・仕事の成果で評価	・人を基準とした人材の能力(潜在能力含む)で評価
給与体系	・職務給 ・業務成果の評価に応じて決まる	・職能給 ・能力と勤続年数・役職などで総合的に決まる
勤務地	・転勤は原則なし ・勤務場所が問われない場合もある	・会社都合で転勤や異動の可能性あり ・勤務場所への出社が前提
教　育	・自主的／自発的に社外で学習 ・スペシャリストとして採用	・階層別研修として会社が提供 ・ゼネラリストを育成
流動性	・高い(転職・解雇を想定)	・低い(長期継続的な勤務を想定)

図表9-1

❍ メンバーシップ型雇用を生み出した日本の歴史

　少し歴史を振り返ってみましょう。1945年、日本は敗戦によって経済的にも大きな打撃を受けましたが、1950年に朝鮮戦争による特需景気で復興に勢いをつけ、1960年〜1970年代前半に高度経済成長期を迎えました。

　モノをつくれば飛ぶように売れた大量生産時代、必要となったのは安定的な労働力です。このとき戦争によって大量に失われた労働力を補ったのが、農村部から都市部へ集団就職で送り込まれてきた中卒の若者たちでした。"金の卵"と呼ばれた彼らが工場勤務のブルーカラーとして、高度経済成長期を支えたのです。個々人のスキルや個性など必要とせず、"長期的に働いてくれる単純労働者"を大量に確保したかった企業にとっても、低学歴でも働ける場を求めていた地方の若者たちにとっても、この集団就職

という方法は理にかなっていました。

　これが、**一括採用、終身雇用を特徴とするメンバーシップ型雇用の原型**です。この雇用方法は組織に同調することを得意とする日本人の民族性に適しており、結果的に非常に長く日本に根付くことになりました。

○ スペシャリストよりもゼネラリストが望まれた時代

　しかし、1990年代に入ると多くの工場はより安価な労働力を求めて海外へ移設され、国内におけるブルーカラー雇用の機会は減少していきます。働き手も大半が大卒となり、ホワイトカラーとしての人生を望むようになりました。

　すでに社会に出ていたマネージャー世代の読者の方は、当時の空気を記憶していることでしょう。コンピュータは存在していましたが、高額だったため社内に数台しかなく、仕事はまだ紙が中心でした。頻繁にまわってくる回覧板や手書きの帳票、フロアのあちこちで鳴り響く電話から聞こえてくる会話によって、誰がどんな仕事をしていて、どんな人とつきあっていて、いまどんな問題が起きているのか、社員はお互いに察することができていました。

　さらに言えば、**会社として扱っていた商材もほとんどが"目に見えるもの"**です。企画書が図面になり、それが製品になる。それぞれの段階で何が求められ、何が評価されるのか、わざわざ定義せずともすべてが誰の目にも明らかで、すべてにわかりやすい正解がある時代でした。

　専門分野のスペシャリストであることよりも、ゼネラリストとして会社全体を見渡して、**周囲の空気を読みながら状況に応じた仕事をすることが求められたこの時代、メンバーシップ型雇用は日本の企業に実によくフィットしていた**のです。

○ 時代の空気感を一変させたWindows95

　こうした空気を一変させたのが、1995年のWindows95の発売です。1人1台パソコンを所有し、それぞれがそれぞれのパソコンを相手に仕事をするようになりました。**ビジネスのスピードは著しく加速し、同時に誰がどんな仕事をしていて、誰とつきあい、どんな問題を抱えているのか、周囲からは見えづらく**なりました。

　富士通をはじめとした大企業が成果主義人事を導入し、メンバーシップ型雇用からジョブ型雇用へと舵を切ろうとしたのがこの時期です。バブル崩壊後の経済停滞が長引いていた時期でもありました。

　メンバーシップ型では年功賃金制度を採用しているため、社員の勤続年数とともに人件費の負担が重くのしかかるようになってきます。右肩上がりの世の中であれば、それでもよかったのです。仕事はいくらでも増えていくので、一括採用で毎年多くの人材を確保しても仕事はいくらでもありました。けれども、時代は変わりました。PCによって単純作業が減り、内容は複雑化、グローバル化し、スピード感は増しています。何に適しているのかわからない人材を一括採用しても、育成している手間も時間もありません。"誰かが運良く育ってくれるのを待つ"などという悠長なことは言っておられず、育たなかった人材を確保しておく余裕もありません。スペシャリストを採用するしかないのです。時代がジョブ型雇用への転換を求めていました。

○ 90年代のジョブ型移行は失敗に終わる

　このときにジョブ型に移行した企業は、成果主義をセットにしました。年功賃金を見直し、成果によって賃金を決めることで生産性を上げて、個人と組織の成長を目指したのです。

　けれども、**成果主義とセットにしたジョブ型雇用はことごとく失敗**しました。成果でしか評価しないという極端な方法を選んだため、本来生きていた

日本的なチームワークが崩れるなど、デメリットが際立ってしまったのです。

⭕ テレワークによってジョブ型待望論が再燃

このようにいくつかの企業がジョブ型への転換において失敗したものの、メンバーシップ型雇用の限界が見えてきていたことも事実であり、冒頭の中西経団連会長の言葉からもわかるように、日本のビジネス界では模索が続いていました。

そのような状況で突然やってきたのが新型コロナウイルス流行を受けての、テレワーク導入でした。ノート型パソコンやスマホの普及で**ひとりひとりの仕事が周囲から見えづらくなっていた上に働く場所までがバラバラになり、一気に"見えない化"が加速**したのです。このような職場事情とメンバーシップ型雇用は相性が良くありません。その理由は2つあります。

⭕ テレワークでは仕事に人をつけるほうが合理的

まず、メンバーシップ型雇用では職務も役割も限定せずに採用するので「この人なら前向きなので、どこかの部署で活躍できるような気がする」という漠然とした理由で採用した人が、結果的に立ち上がらないということもあります。

配属した部署では無理だと判断して異動させるとしても、それまでの指導には長い時間がかかるものです。テレワーク下でのOJTの難しさについては第7章でお話ししましたが、ミスマッチな人材であれば、採用する側もされる側もさらなる苦しさを背負うことになります。うまくいかない期間が長くなれば指導者の人件費がかさむ上、どちらかがメンタルを病んでしまうこともあり得るでしょう。

出社していれば大勢の目があるため、「彼はこの仕事には向いていないけれど、前向きだし頑張り屋だからあっちの部署で活躍できるんじゃないか？」などと誰かが言い出すこともあるでしょう。けれども、テレワークにな

れば、本人の努力する姿も周囲からは見えづらくなります。適した道を見つけてアドバイスをしてくれる上司や先輩が現れる可能性も低いでしょう。そのように考えると、**採用時に仕事を定義し、その仕事に必要なスキルや経験をすでにもっている人を採用する方がテレワーク下ではずっと合理的**なのです。

○ メンバーシップ型を前提としたチームワークも限界

もうひとつ考えられるのは、日本人の民族性が裏目に出て、逆に職場の硬直化を生んでしまうのではないかということです。たしかに、仕事の定義をせずに人材を一括採用することには、「何でもやらせることができるので融通が利く」というメリットがあります。では、実際にチーム内で誰がすべきなのか、責任の所在が明確でない仕事が生じたとき、誰かが素早く手をあげるものでしょうか？

「空気を読むことを優先して、思ったことをはっきり口にしない」という民族性をもつ日本人は、積極的に素早く動くことよりも、様子を見ることを選ぶ人が多いことでしょう。これがかつてのように仕事がもっと単純で、"お互いのことが見えている"という状況であれば、チームワークを武器にうまく機能したのかもしれません。けれども、**ただでさえ仕事内容が複雑化しているところにテレワークが始まったいま、曖昧な状況が生じる要因はなるべくない方がいいのは言うまでもない**ことです。

このように考えると、とりわけテレワーク下でのメンバーシップ型雇用には限界があり、ジョブ型へと近づけていく必要があることは明確です。

○ 「ジョブ型」には「仕事」の定義が必須

ジョブ型待望論が強まるなかで、私たちはもう一度これまでにジョブ型への移行を目指した企業が失敗した原因と改善策についてよく考える必要があります。

あのときの失敗は、ジョブ型と成果主義をセットにして導入したことにありました。**ジョブ型と成果主義はイコールで語るべきではありません。**ではジョブ型雇用を成功させるための秘訣はどこにあるのかといえば、「仕事をきちんと定義すること」だと考えます。

　第5章で「仕事の成否は仕事を渡すときに9割決まる」というお話をしましたが、**仕事を定義するというのは、アウトプットのイメージ、ゴールの姿とそこに向かうための道のりを明確にする**ことです。

　日常の業務であれば、その成果物は何のために、いつまでに必要なのか？　どの程度のクオリティで仕上げるのか？　粗々でいいのか、精密なものがほしいのか？　それを実現するためには、何をしなければならないのか？　従来の方法でいいのか、新たな方法を模索するのか？　新たな方法を探すのであれば、課題はどこにあるのか？　課題を解決しながらゴールに向かうには、どのようなプロセスを経る必要があるのか？　といったことまで、明確にしなければなりません。

　職務を限定されたジョブ型雇用では、この「仕事の定義」をきちんと把握せずして仕事をすることはできません。もっと言えば、いかに仕事を定義できているかで、取り組む姿勢も変わってきます。

　そして、会社側は定義した内容にふさわしい人にアサインし、その仕事がどのような経過をたどるのかというプロセス、どこに至るのかという結果を見て、必要があれば途中できちんとフィードバックしながらメンバーと組織全体の成長を図っていくことが求められます。

　「成果しか見ない」というのはプロセスを軽視することであり、同時に仕事を細部にわたるまで定義せずに渡してしまうことです。これでは、ジョブ型雇用ならではの成果は生まれづらくなるでしょう。

　ビジネスの世界ではよく「P（plan）、D（do）、C（Check）、A（Action）サイクルをまわせ」と言われますが、P（plan）が「仕事の定義」に該当します。ここが定義されていなければPDCAがまわらないどころか、今どこにいるのかという現在地すらわからなくなってしまいます。

　登山にしても、目的地を決めたら地図を見て、ここで川を渡らないとい

けない、ここで岩場を越えないといけない、と難所をあらかじめ把握して、対策を立ててから目的地に向かうものです。目的地も、そこに至る道程も、難所の有無もわからずに闇雲に歩いたところで、道に迷うだけでしょう。

○ 目指すべきは日本的ジョブ型＝ハイブリッド型

もうひとつ、いまジョブ型を考えるときに重要なのは**日本的なジョブ型を目指すこと、つまりメンバーシップ型雇用の良さを生かした「ハイブリッド型」を目指す**ことです。

たとえば完全なジョブ型雇用を運用している**欧米では、マネージャーもひとつの職務として定義されている**ので、マネージャーとして採用されていない人は、どんなに有能だったとしてもマネージャーに自動的に登用されることがありません。理由は、スペシャリストとして雇用されているためにマネージャーとして育成されていないからです。上司が辞めることになった場合は、ふさわしい人材を改めて外部から募集して選考していくのが一般的であり、他社からCEOがくるというのもよくある話です。年功序列で部下を昇進させるということは、まずあり得ません。

けれども、それが日本の組織にふさわしいかというと疑問をもつ人も多いでしょう。日本では、長年にわたってトップを陰で支えていた人物の信頼が厚く、次期トップとして望まれたり、単なるアルバイトだった人が能力を発揮してトップまで上り詰めていったりすることが賞賛される傾向があります。これは、日本では**現場観をもった人物が尊敬を得ることができるから**です。

ジョブ型とメンバーシップ型のハイブリッド化を推進し、メンバーシップ型雇用をし、ジョブローテーションによって現場観を持ったマネージャー候補者を育成しながら、その時の情勢によって、外部からの募集と同時に、内部人材を求められるようにしておくのです。両者を天秤にかけながらベストな人材を見つけるという方法は、日本の組織に向いていることでしょう。

欧米のジョブ型では行わないジョブローテーションを積極的に行って、

よりよい配属先を模索するということも、残していく価値があるのではないかと思います。

　労働法の観点から見たときにも、日本と欧米には違いがあります。欧米のジョブ型雇用では、ジョブディスクリプションで規定された職務を果たせなくなったときには当然のこととして解雇されます。

　しかし、現状の日本では「解雇権濫用の法理」によって労働者が守られているため、簡単に解雇することはできません。**本来であれば「採用して、やらせてみたらできなかった」は通用しないジョブ型雇用ですが、「だからといって解雇はできない」という矛盾を孕んでいる**のが日本なのです。

　これは企業側にとっては、もどかしいことかもしれません。けれども、就職事情の厳しいこの社会において、セーフティネットを整備しないままに解雇を可能にしてしまえば、大きな社会問題になることは目に見えています。そういった意味でも、いまの社会の現状に即したハイブリッド型を目指していくことが理想的なのかもしれません。

○　ジョブ型へと舵を切りつつあるIT業界

　実際のところ、とりわけIT業界では数年前から雇用形態がジョブ型へと移行しつつあり、人材獲得競争が激化しています。とくにAIなど最先端ITを専門とする人材については、新卒であっても年収数千万円で即戦力として採用されるケースがあります。これまでの日本では、素養のある人を新卒で採用して10年ほどかけて育てていくという方法をとっていましたが、もはやそれではDX（デジタルトランスフォーメーション）が求められているグローバル競争に勝てないという局面に突入しているのです。

　"スペシャリストとして育てる"のではなく"スペシャリストとして採用する"に変えていかなければ、日本は立ちゆかなくなるという危機感の表れでしょう。

　こうした傾向が強まれば、当然のことながら就職先を探す学生にとって状況はシビアになります。スキルを身に付け、それを証明する何かを手にし

てから卒業しなければ働く場がないのです。これまでは、学生が就職活動でアピールすることといえば「ボランティアを頑張って、アルバイトでリーダーを任されていました」といった話ばかりで、実際にそうした姿勢は高く評価されてきました。

しかし、これからは**「自分の専門分野でどのような研究をして、それをもとにどのようなことを実践してきたのか」というスキルと経験が求められる**ようになるのです。

○ ジョブ型雇用になったら何が変わる？

このように、**ジョブ型になると、採用基準が変わり、新卒の一括採用はなくなる方向になる**でしょう。ジョブディスクリプションに記載されているスキルがあるのかどうかが採用の基準になるので、新卒であれ中途であれ「この人ならできそうだ」「人当たりが良いからうまくやれそうだ」「前向きに見えるから頑張るだろう」といった基準もなくなります。

採用する側からいうと、人事部の役割が変わります。これまでは人事部が採用や育成を中央集権的に担当していましたが、ジョブ型雇用になれば新たな人材を必要とするのは現場です。したがって、**現場のマネージャーがその職務を定義して、それにふさわしい人を採用**しなければなりません。とはいえ、現場は採用のプロフェッショナルではありませんから、それを人事部がサポートするという形に変わっていくでしょう。

評価方法も変わります。「あの人は一生懸命やっている」「前向きに頑張っている」などという曖昧な基準ではもはや評価されません。とはいえ、「ジョブ型＝成果主義」ではありません。プロセスの正当性も含めてきちんと成果を出しているのかという観点と、会社の進むべき方向を理解して、それにふさわしい行動をとっているかという観点の2つから評価していくことが重要になってきます。

評価の納得度を担保するためにも、マネージャークラスにはこれまで以上に説明責任が求められるようになるでしょう。

能力が重視される以上、女性であることがハンデと見なされる風習も変わります。優秀な女性の人材を確保するためにも、職場の環境整備だけではなく、保育園やベビーシッターなど職場外の働くための環境整備が行われ、充実していくでしょう。

定年退職もなくなります。本人が働き続けることを希望し、会社側が本人の成果に満足している以上、働き続けることができるのです。逆にいえば、シニアだから優遇されるということは何ひとつありません。若手と対等に競って結果を出していくためには、スキルを磨き続ける必要があります。ここは、経験と人間性を生かしていくしかないでしょう。

◯ 変化を求められるのは「個人の意識」

そして、もっとも大きな変化を求められるのは個人の意識でしょう。潜在能力ではなく顕在化している能力にしかオファーがこなくなり、さらに終身雇用を望めなくなるのであれば、**学び続け、スキルを磨き続ける必要**があります。これは単に資格をたくさん持っていればいいとか、高学歴ならいいという意味ではありません。

学んだことを生かして、どのような結果を出しているのか、常にそこが見られます。「大過なく定年を迎える」というこれまでの理想的な企業人の人生とは大きく異なってきますが、**「望む仕事にチャレンジできるように自分で能力を磨いて、自分で結果を出していく」という人生は意義深いに違いありません。**

◯ 「Vison Misson Value」でつながる企業文化へ

ジョブ型雇用を導入すると、メンバーひとりひとりが年齢も性別も関係なく、それぞれの専門性において役割をまっとうし、成果を出し続けるために努力することで組織が成り立っていきます。

マネージャーは当然高い能力も成果も求められますが、それもまた役割、

職務のひとつです。組織におけるヒエラルキーは消滅し、第2章でお話ししたような「ホラクラシー型」に近づいていきます。これは「いままで偉そうにしていたマネージャー勢が偉くなくなる」という意味ではなく、**全員が責任と裁量をもち、リーダーシップを発揮しなければならなくなる**ということです。

　そのときに重要なのは、**会社がどこに向かおうとしているのかという「ビジョン」、果たすべき使命である「ミッション」、共通の価値観である「バリュー」をすべてのメンバーが共有すること**です。ジョブ型雇用によってそれぞれの専門性が高くなる上に、テレワークによって働く場所もバラバラになるとき、チームビルディングを支える土台を共有することだからです。

⭕ 経営理念の発信はより重要性を増す

　実際、数々のアンケート結果から見てきたように、テレワーク下では手を打たない限り、上司と部下の信頼関係が危うくなることが明らかになっています。しかし、経営者が「このようなミッション、使命感を持って、数年後に、このようなサービスを提供する会社になる」と明言し、メンバーそれぞれがそうした理念と目の前の仕事をつなぎ合わせることができるようになると、日々の業務が会社の目指している方向性と一致しているという実感を得ることができ、安心して打ち込めるようになるのです。また、その路線上で成果を出し続ければ高く評価されることもわかるので、高いモチベーションを保つこともできるでしょう。

　図表0-19（42ページ）でも明らかになっているように、こうしたいわゆる「経営理念」をしっかりと伝えられる経営層がいれば、テレワークでも会社の求心力はむしろ高まるのです。

⭕ リーダーのあるべき姿も変わる

　新型コロナウイルスの流行以降は、組織としてどのように動くことがベスト

なのか、誰にも正解がわかりません。大企業の経営者であっても、いまは
みな模索しながら進んでいる状況でしょう。

　このような先行き不透明な時代、ホラクラシー型組織に求められるのは
カリスマ型のリーダーではなく「すべてのメンバーに経営理念をしっかりと伝
え、必要に応じて周囲に協力を求めて、コラボレーションしながら情報を
収集し、最終決断を下せる人」です。このように**時に自分の弱さ、至らな
さを認めて、周囲に協力を求めながら、リーダーとして周囲から認められる
ことができるリーダーシップを「ハンブル・リーダーシップ」**といいます。

　プライドや意地にこだわるばかりに正しい道へ進めなかったり、無駄な
時間をかけてしまったり、部下に人間性を疑われたりするのではなく、謙
虚になって周囲に助けを求めることで問題を解決して素早く成功へと近づ
けることが、今の時代には大きな価値になるのです。

　終身雇用・年功序列によるヒエラルキーの頂点に独裁型・統率型のリー
ダーが存在していた時代から、周囲からの期待に応えられる人として人望
を持って、ハンブル・リーダーシップを発揮できるトップのもと、ホラクラ
シー型組織でひとりひとりが自分の役割を発揮していく時代へと、いま明ら
かに大きな変化が起きています。

　何が正解なのかは誰にもわかりませんが、古い体質に依存せず、時代
に合わせて文化を変えていける企業のみが生き残っていく、ということだ
けは間違いありません。

おわりに

　ここまで読み進めていただきありがとうございます。少しでも読者の皆様のお役に立てる知見やノウハウを得ていただければ本当に嬉しく思います。

　本書では、「テレワーク時代のマネジメント」の要点について、調査結果や、私の長年の経験とノウハウを基に解説をさせていただきました。

　私は、テレワークが始まった当初、テレワーク環境下のマネジメントには、新しいノウハウが必要になるのではないかと思っていました。今まで同じ場所にいて、同じ環境で過ごし、同じモノゴトを見聞きする職場環境から、オンラインによってつながる職場環境に変化したのですから、知識もノウハウもすべて刷新する必要があるだろうと考えていたのです。

　しかし、この本を作り上げる思索を通じ、私が、これまで次期経営者や管理職養成の際に指導しアドバイスしてきた知識やスキルを振り返り再確認し、次第に考えを改めました。

　マネジメントやリーダーシップ、チームビルディングに関しては、「環境変化と共に変わらなければいけないこと（変動）」、「職場で働く人々の特性や関係性によって変えていく必要があること（準変動）」、「原理原則として変えてはいけないこと（固定）」の3階層があるのです。本書は、その考え方に基づいて執筆することを心がけました。

　テレワーク環境になったことで「変動」させなければならないことは、ICTツールの選定や使い方、それに伴うコミュニケーションのスタイルです。マネージャーは、オンラインを最大限活用するために、「なぜそのコミュニケーションが必要なのか」「どのようなスタイルでどのツールを使ってコミュニケーションすることが効果を出すのか」「結果として何を産み出すのか」をじっくり考えてください。

　次にこの環境下で「準変動」として意識すべきなのは、マネージャーの周囲にいる従業員に関することです。今までのように同じ職場にいると無

意識のうちに把握できたことが、テレワークではできなくなるのでマネージャーは、意識して部下の特性や関係性を把握するための活動が必要になります。特に人事異動や組織改編の際には必ず実践してください。

　最後に、マネジメントやリーダーシップ、チームビルディングに関する原理原則は「固定」部分であり、環境が激変する中でも常に念頭において思考し、行動の指針となるべきものだと考えます。それらの本質は、本文中にも書きましたが「Doing things through others」です。仕事の仕方やコミュニケーションのスタイルは、今までとは大きく変わりましたが、この本質は、全く変わりません。これを実現するための原理原則は、ピーター・ドラッカーやヘンリー・ミンツバーグ、エドガー・シャイン、ウォレン・ベニス、ジョン・コッターを始めとしたマネジメントやリーダーシップ、組織開発の泰斗が理論として提唱しています。長い間に読み継がれている理論は現在もしっかりと使うことができます。「温故知新」という四字熟語に表されるように、古い理論を、さらに深く読み込んでいくことで、新しい環境に如何に適用していくのかを考えることができるのです。

　結果として、本書は基本的なことばかりが書いてあると感じられる方もいるかもしれませんが、環境が激変している時こそ、原理原則に立ち返れば、今までの経験やノウハウなどを十分使うことができると私は考えています。読者の皆様もこの大きな変化に怯むことなく、テレワークマネジメントに立ち向かってください。この本がそれをサポートすることが出来れば幸いです。

　今回、本書を執筆する機会に恵まれたのは、ダイヤモンド社とのご縁を作っていただいた慶応義塾大学医学部特任助教・日本サウナ学会代表理事の加藤容崇先生、taskall社の星野大輔社長のお陰です。心から感謝申し上げます。

　そして、本書の執筆をご支援いただいた棚澤明子さん、編集を担当していただいた井上敬子さん。誠実にご尽力賜りましたこと、この場を借りて御礼申し上げます。　そして何より、ここまでお読みいただいた読者の皆様に、再度心から、感謝を申し上げます。

２０２１年３月　髙橋豊

出典・参考書籍など

（＊1）
『チームが機能するとはどういうことか――「学習力」と「実行力」を高める実践アプローチ』（エイミー・エドモンドソン著、野津智子訳／2014年／英治出版）

（＊2）
『現実はいつも対話から生まれる』（ケネス・ガーゲン、メアリー・ガーゲン著、伊藤守監訳／2018年／ディスカヴァー・トゥエンティワン）

（＊3）
『世界最高のチーム グーグル流「最少の人数」で「最大の成果」を生み出す方法』（ピョートル・フェリクス・グジバチ著／2018年／朝日新聞出版）

（＊4）
『友達の数は何人？――ダンバー数とつながりの進化心理学』（ロビン・ダンバー著、藤井留美訳／2011年／インターシフト）

（＊5）
『「東洋の魔女」論』（新雅史著／2013年／イースト・プレス）

（＊6）
『非言語コミュニケーション』（アルバート・マレービアン著、西田司ほか共訳／1986年／聖文社）

（＊7）
『ウォー・フォー・タレント――"マッキンゼー式"人材獲得・育成競争』（エド・マイケルズ他著、渡会圭子訳／2002年／翔泳社）

（＊8）
『いつも怒っている人も うまく怒れない人も 図解アンガーマネジメント』（戸田久実著、安藤俊介監修／2016年／かんき出版）

（＊9）
『現代の経営』（ピーター・ドラッカー著、上野惇生訳／2006年／ダイヤモンド社）

（＊10）
『コンピテンシー・マネジメントの展開――導入・構築・活用』（ライル・M・スペンサー、シグネ・M・スペンサー著／2001年／生産性出版）

巻末資料

ICTツール
一覧

テレワーク時代には、「ICTツール」をいかに使いこなすかが
コミュニケーションの鍵を握ります。
コミュニケーション内容や、チームメンバーのリテラシーに応じて、
使いやすいものを選ぶようにしましょう。

※変更や他プランなどがある場合があるので、詳細は各発売元にお問い合わせください。

[ビジネスチャットツール]

	Slack	Chatwork
URL	https://slack.com/intl/ja-jp/	https://go.chatwork.com/ja/
特徴	GoogleDrive、Skype、Twitter、Dropboxなど2400を超える外部サービスとの連携が魅力。UIに優れているので初心者でも使いやすい。世界各国で14万社以上が有料プランを利用	本格的な「タスク管理機能」によって、タスクの依頼漏れなどを徹底的に防げるのが大きな特徴。1ファイル最大10GBまで送信可能。国産ならではの使い勝手の良さも魅力
マルチデバイス対応	○	○
対応言語	日本語、英語、フランス語、ドイツ語、イタリア語、韓国語、ポルトガル語、スペイン語	日本語、英語、台湾語、ベトナム語、タイ語、スペイン語
メッセージ受信通知機能	○	○
既読／未読表示機能	○	○
検索機能	○	○
エクスポート機能	○	○
画面共有機能	○	○
ファイル共有機能	○	○
タスク管理機能	○	○
アンケート機能	○	×
メッセージ編集機能	○	○
ノート機能	○（自分宛に送信するSlack DM、またはポスト機能をノートとして利用可）	×
ビデオ会議機能	○	○
外部サービスとの連携	○	○

マルチデバイス対応：PC、スマホ、タブレットなどでの使用可否。エクスポート機能：ツール内のログを外部にエクスポートして保存する機能。ファイル共有機能：画像や動画をアップロード、ダウンロードすることで共有する機能。タスク管理機能：自分の仕事やメンバーに依頼する仕事の期限や進捗などを管理する機能。アンケート機能：会議の日程調整などアンケートを一斉送信できる機能。外部サービスとの連携：他社製アプリやSNSとの連携の可否。